博士教你學卜卦
這本最快通

劉謹銘◎著

◎劉博士畢生對易卦的領悟精華

◎易卦全面化、生活化、活用化

◎淺近的卦例與清晰的文字解讀

◎讓您輕鬆跨越易卦的學習障礙

學易卦，先從這本書開始

敬獻於
獨立教養我成長的母親
羅丁妹女士

推薦序

一部《周易》，傳統學問中最稱奧妙，其中所呈現的哲理，廣大無所不包，可謂涵括宇宙、範圍天人之學。北宋理學大師程頤便認為，《易經》「順性命之理，通幽明之故，盡事物之情，而示開物成務之道」，對它推崇備至。蓋因為大《易》蘊含「吉凶消長之理」，開示「進退存亡之道」，足以為人生行事趨避蹈循的指南針。

「君子居則觀其象而玩其辭，動則觀其變而玩其占」。由於易理廣大悉備，妙義無窮，歷代學人哲士，無不深習熟玩。然而，其中鑽研有成，自成一家者固不知凡幾，但說到能夠極盡精微，又能夠做到「占候無錯」，可不是一件容易的事，自漢朝以後，「世鮮名人」，固非虛語。然而《易》道無窮，單以術數一端而言，派別分歧，早已經蔚為大觀。傳統《易》學應用於卜筮，累積成龐大的一筆遺產。到了當代，研《易》者要能夠吸收、傳承、發展，取精用宏，以適應於當今社會，本身若非有一些基礎和條件，不可能達到目的。

老友劉謹銘，與余至交十餘年，無話不談，談必深契。他對問題的分析與判斷能力，早令我甘拜下風。早先基於興趣，本人也曾就《易》學與他討論。過不了多久，討論便成了請益，更後，則只剩下純粹的欽羨與佩服。這是因為，謹銘進入國內知名的專業哲學系所深造，又獲接名師教導，且以《易》學為博士論文主題，學術功底深厚，其所臻之境界，早已非一般淺學風角、畫爻卦、講風水者所可比矣。「推辭考卦，可以知變」，目前所見，謹銘顯然已經超愈這樣的階段。近幾年，謹銘鑽研更勤，求師更積極，因而學問更盛，技巧更新，出入古今，綜合各家占法，斷以己意。數年成果，部分即顯現在他近撰的《博士教你學卜卦，這本最快通》一書知中。就該本書看來，在《易》學上，謹銘可以說已然達到融會貫通的新境地，觀其論世應八宮、六爻六親、一卦多斷等法，即可以略知。而他將其所學，應用於解決人事之疑難，且以淺近的卦例，以及清晰的語言，將《易》學生活化、活用化，呈現另一番清新的風貌，更增加了該書的可讀性。

昔管輅有言：「夫卜，非至精不能見其數，非至妙不能睹其道」（《三國志．管輅傳》），以余所知，謹銘的才學以及天賦，都足以當之。如果繼續苦心精研，不出數年，可以預見，他將在這一學問領域自成一家之言，展現更高一層的造詣，給《易》學帶來更不同的創新貢獻。

國立東華大學歷史學系　副教授
陳彥良　於新竹

推薦序二

二十年前有幸在軍中與謹銘博士相識結緣，那是一段謹銘博士對我的啟蒙之旅。猶記初識謹銘博士時，其對人性觀察事物剖析，即展露出超凡不俗的演繹觀點。抱著遇寶山豈能空手歸的態度，當然也在謹銘博士不吝賜教的氣度下，我們展開了一段以書會友的軍中歲月。從世界文學的導讀分享、哲學對於人生的意義，以及東西方哲學的基本差異。直至退伍前，謹銘以一套劉君祖先生著的《生活易》相贈，讓我得以一窺易經的堂奧，開啟我學習易經的第一步。

謹銘博士常以乾卦用九的六爻來象徵人生處境，從沉潛蟄伏的潛龍勿用到盛極而衰的亢龍有悔。乾卦六爻裡蘊涵的進退哲理讓我在出社會後的職場生涯受益匪淺。在學習易經的過程中，除了深感義理的深奧及對古人智慧的佩服外，艱澀難懂的古文以及變爻的複雜著實令人不解及苦惱。以個人的經驗而言，每逢搖卦遇二變爻以上即不知該如何判讀，也令個人在學習易經之路因而受阻。

時隔約二十年，近期又與謹銘博士重逢，言談之中深深感受謹銘在這二十年期間於易理術數已有超凡入聖的領悟，對於之前我對易理及其中變爻的疑惑，謹銘皆能以其獨特的見解與方法來釋疑解惑。更令我驚訝的是，謹銘不吝以大六壬和奇門遁甲幫我及友人卜事，事後驗證預測的精準程度，令我及同行友人瞠目結舌，並感嘆世界萬物似乎真有天定之數。

此書是謹銘博士秉持良師良醫的精神，將其畢生對於易經六爻的學習領悟，不吝與易經學習者分享。希望讀者能透過此書，跨愈學習易經之路的障礙，並對於在判讀易經六爻進而產生決策的過程中得到幫助。謹銘博士與我相交二十年，自結識以來一直在我人生中扮演良師益友的角色，我極力推薦此書，相信讀者必能透過此書受惠於謹銘博士的義理啟蒙。

統一證券汐止分公司 協理

胡文傑

自序

從一位憂心的父親到專業命理師的故事

老二出生後不久，母親便拿著孩子的資料到鎮上一家有名的相命館批八字，論斷這個孩子的未來。回來後母親告訴我，命理師說孩子以後很會賺錢，但是要儘量晚婚，如果能夠不嫁人最好。小孩是否能賺大錢，作為父親的我，其實並不那麼在意，但是有關婚姻的斷語，卻讓我陷入憂慮，失眠了好久好久。

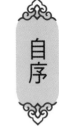

於是就在我完成博士學業後，買了很多八字命理的書籍日夜苦讀，想要解決原初的困惑。沒想到這個機緣卻打開了我的命理學習之路。但老實說，單靠自己修行，沒有師父引領，始終難以進門，但無奈始終找不到合適的老師。

直到有一天，我在書局中看到一位大陸老師寫的八字書，解開了我八字學習上的許多疑問，我知道我已經遇到尋訪多時的高手，於是在我多次懇切的書信請求之後，老師終於答應教我。就在高人的指點之下，我非常積極地學習各項命理專業知識，並有了長足的進步。

幾年之後，隨著專業知識的增長，心中昇起了以命理服務人群的想法。於是自2010年起，利用每個禮拜六的早上，在頭份鎮上的福德祠，以六爻卦與八字理論，為人免費測事論命。

然而，一旦面臨實戰，才發現事情沒有我想像中的簡單。因為在六爻測事方面，我只能回答結果是吉或凶，無法提供更多的細節分析，因此，常常無法滿足求測人的需求。

而在八字論命方面也有類似的困境。雖然我可以算準對方在某個流年運氣不好，但卻無法精準說明是那方面壞運，是財運、工作運、還是感情不佳？壞又壞到什麼程度？有些時候，我預測某年對方運氣壞，他回答工作運確實不好，長官常找他麻煩，又犯小人，但是財運不錯，與女友感情也很好……。

諸如此類的情形，讓我產生深深的挫敗感，更擔心自己這樣的預測，會給求測人誤導方向，害了對方。在這種強大的心理壓力之下，我幾度沮喪到想要結束福德祠的服務，以免想要助人反而害人。

在此同時，我依然努力研究師父教授的各項命理專業知識，在這些理論當中，最難的要數奇門遁甲與大六壬，尤其是大六壬神課，最是艱深難懂。雖然如此，也只有勉強自己硬著頭皮，努力學習。

有一天，我突然領悟到，既然大六壬號稱是「術數的百科全書」，又是六爻卦與八字理論的源頭，那麼如果我可以充份運用大六壬的知識，一定能夠提昇預測的水平！有了這個想法後，使我更加聚焦於大六壬的學習上了，而且一旦在六爻卦與八字上有疑惑時，就帶入大六壬的體系中仔細思考，果然，克服了許多疑惑。

漸漸的，我在福德祠為人服務時，越來越有自信，不論是六爻卦、八字，以及後來加入的奇門遁甲與大六壬，都能達到「精準」預測的水平，提取出更多有用的訊息供求測人參考，看著許多求測人感謝的笑容，我充份享受到以命理專業助人的快樂。

如此一來，名聲不逕而走，來到福德祠求測的人也逐漸增多，後來由於求測人過多，導致因為先後順序起了爭執。最後廟方只好仿照醫院，以號碼牌確認問測順序。這時，離我首次到福德祠服務，還不滿一年。而在福德祠前後四年的時間中，我已為數千人次提供了命理服務。

然而，由於求測人數越來越多，因此，每個人頂多只能分配不到十五分鐘的時間。過程中我也只能盡量精簡，將結果濃縮成幾句話來斷卦，根本無法兼看求測人的八字。這樣的問測方式與品質，漸漸的也讓我產生一些莫名的不安感受。因此，如何提昇命理服務的品質，成為我思考的新問題。

我深信，命理之學，可以助人。女兒的論命經驗，更讓我深深體悟到一個命理師對人的影響。因此，在上述問題的考量之下，我決定在 2013 年成立「博士命理」，目的是以充裕的時間，透過細緻的命理諮詢，為人趨吉避凶，助人開創幸福人生。

前言

所謂的「五術」，指的是山、醫、命、相、卜。其中的卜筮之學，不但源遠流長，且包羅萬象。相較於其他諸如奇門遁甲或大六壬等等高深的術數模式而言，六爻無疑在學習上相對比較簡單些。但由於它體系完備，準確率高。因此，在眾多的卜筮方法之中，六爻卦無疑是比較廣為人們運用的一種術數模式。

當然，就學習上來說，任何數術的理論都有難以為人理解的深奧之處，因此，在本書的撰寫上，易簡完全是站在一個學習卜卦的過來人之身分，來設想學習者將會遇到的問題關鍵，以此為核心來寫作本書。因此，特別著眼於學習次第。透過精心安排的學習順序，並且在各章中盡量舉出實例來幫助理解，希望讓有志學習六爻卜卦的讀者，在最短的時間內，就能夠進入六爻卜卦的世界。以下特將各篇章的要點予以說明。

壹．命理師最常遇到的問題

在哲思篇中，以命理師最常被問到的問題做為切入點，透過觀念的闡述，讓讀者瞭解命理哲學的深刻內涵，並建立正確的觀念，不為坊間一些似是而非的言論所迷惑。

貳．基礎維他命——卜卦知識ＡＢＣ

本篇中的內容，是學習各種術數都不可或缺的基礎知識。透過本篇，為有志學習命理的讀者，打造堅實的基礎，將來在學習上才能比較順利。

參．求卦方程式

本篇要闡釋各種起卦的方法。包括了最傳統的，也就是《易經．繫辭傳》上所記載的「大衍之數」起卦方法。另外，還有後來在漢朝所推出的改良方法，即以三枚銅錢來起卦，一般稱之為「金錢卦」的占卜方法，以及《梅花易數》當中所記載的時空起卦方法。

肆．進階大補丸

重點闡述六爻體系中諸如世應、八宮歸屬、用神、元神、忌神等重要觀念。並教會讀者如何安地支、安六神、定六親、查找伏神、神煞等等核心理論。

伍．結果是吉還是凶——判斷秘訣

在一個起好的六爻卦中，要從何處著手？吉凶禍福該如何判定？本篇要將如何判斷的秘訣予以揭露，讓學習者有綱領可依循，迅速提升斷卦的水平。

陸．卜卦實戰案例

在實例篇中，一共有六個六爻卦的占斷實例。本篇是上述各篇章的實戰大綜合。讀者對於每一條斷語的原因分析必須詳細探究，遇有不懂之處，立刻翻找前面的內容，補足自己不懂的部分，務必透過此種方法將每句斷語都充分理解，經由這樣的學習方式，走向實戰的預測。

柒．命運好好玩

基於一個優良的命理師必須具備測事、論命、風水三方面的學問，才能對於求測人各種相關問題的解答，有一個比較全面的能力。因此，在本篇中，易簡附上其他術數模式的預測實例以饗讀者。

透過以上的章節安排，必能使學者在六爻卦的學習方面更有效率。易簡相信，只要讀者耐心認真地研讀此書，必能在短期之內，一窺卜卦之堂奧，進而自己卜卦。

目錄

貳・基礎維他命——卜卦知識ABC

柒・命運好好玩

後記

壹・命理師最常遇到的問題

一　到底是人定勝天還是命中注定？

雖然說「命裡有時終須有，命裡無時莫強求。」難道不用努力，每天只要坐在家裡等待，你所期待的成功人生就會從天下掉下來嗎？我們如果承認命運之說，亦即承認人生有其一定的運行軌跡，然相信有天定之數，是否就與人生必須努力奮鬥相互矛盾呢？

環顧周遭，成功之人，必定付出較多嗎？失敗之人，多是不努力之人嗎？試問世間除了少數含著金湯匙出生的人，或是不思上進之人外，誰人不拼搏，誰人不想努力提升自己的條件，希望能過上更好的生活？但結果卻是千差萬別，相去不啻雲泥。

我的妻子近日告訴我一件事。就是她在一家咖啡蛋糕連鎖店喝咖啡時，看到一個年紀約莫六十出頭，從事資源回收的老婦人，在辛苦了一天的傍晚時分，來到店裡，注視著櫥窗內的一個麵包良久，然後打開身上錢包，稍後又拉上拉鍊，然後再望望櫥窗內的麵包，反覆了數次，最後像洩了氣的皮球似的，轉身要離開咖啡店。

我的妻子眼睜睜地看著這整個過程，於心不忍，趕快付了錢之後，追上老婦人，向老婦解釋，她並無惡意，只是想請婦人吃麵包⋯⋯。

各位朋友，張開你的眼睛，看看周遭多少像這樣，卒勤勞動卻貧無立錐之地的人吧！也環顧一下四周，看看你的鄰居、親戚、朋友，尤其是父執輩的人，有多少人生來聰明，而且勤勤懇懇，努力奮鬥一輩子，但卻一生清苦，日子過得很差。

若以邏輯學的角度來做一番說明，應該就能更加清楚。其實此一論題是邏輯上結果和「充分條件」（sufficient condition）、「必要條件」（necessary condition）之間的關係。

以條件與結果之關係言，所謂某結果發生之必要條件的主要意涵是指，缺乏此一條件，則必然不會產生這樣的結果。例如氧氣的存在是燃燒現象的必要條件。換言之，沒有提供氧氣，一定不會產生燃燒的現象。但是，有氧氣存在是否就一定能夠產生燃燒的現象呢？很顯然的，答案顯然並非是肯定的。

至於所謂的充分條件，意指滿足A條件，則B結果必然發生。「假如你期末考想要獲得前三名的好成績，則你必然要認真讀書」。換言之，認真讀書是本次期末考獲得前三名的必要條件，但是並不是充分條件；因此，我們可以說，即便你認真讀書也未必能夠獲得前三名。亦即努力是成功的必要條件，但並非充分條件。

而一個人的成功或失敗，其實是聚合了許許多多條件所構成的，努力只是必要條件之一罷了。易簡認為，此事透過奇門遁甲之數術模式來說明，最為清楚透徹。

奇門遁甲屬於高層預測之學，此術數模式是以門為人，為我，進而將世間所有左右我的力量歸納為四大系統，即代表天時的九星系統，代表地利的地盤九宮，代表人和的八門系統，以及代表神靈世界的八神系統。（奇門遁甲數術模式的詳細說明，請參見博士命理。）

九天 天柱星 癸 生門 庚	值符 天心星 王 傷門 丙	騰蛇 天蓬星 乙 杜門 戊
九地 天芮星 戊 休門 己	辛	太陰 天任禽星 丁辛 景門 癸
玄武 天英星 丙 開門 丁	白虎 天輔星 庚 生門 乙	六合 天沖星 己 死門 王

除了九宮之間的相互作用外，實則在一個宮位之中，就存在著天、地、人、神等力量，相互影響著。因此，當我們在為人斷卦時，其實就是去分析此四大系統的力量之間，如何相互影響。進而斷言求測人身處在此四大系統之間，其狀態為何，透過努力能否成就某事。

以門為核心來看，若門能得九星之生扶或比助，則為得天時；能得地盤宮位之生扶比助則為能得地利；能得地盤本位八門之生扶比助則為得人和；同理，能得八神之生扶比助則為能得神助。

舉例來說，以巽四宮為例，則生門為我，其五行屬土，但是天柱星五行屬金，要來洩生門之土，不得天時；再看地盤宮，巽宮五行屬木，木要來剋制生門之土，不得地利；巽宮本位為杜門，五行屬木，一樣要來剋制生門，故不得人和；兼之九天亦不來比助生扶，可謂神亦不助。

因此，此人縱令聰明努力，肩負凌雲之志，然處此天、地、人、神皆不助之時，最終亦只能徒呼負負，莫可奈何罷了。明瞭此一道理，則能清楚地釐清努力與成功之間的關係。

在風水學上亦然。舉例來說，在我實際操作風水的過程中，常常碰到家長要求，想要小孩讀書順利，課業進步。而在風水的具體布局上，就是想辦法將其文昌星調動起來，使其氣數達到極致。

但是，如果迷信於已經調動起文昌星，但小孩子還是天天只顧著玩樂、看電視，打電玩，父母也不關心、督促功課，你想，有可能達成課業進步的目的嗎？當然是不可能的事。明乎此，則風水學上，調動財星、桃花、官運等事，其理皆同。透過風水操作可以調動起桃花，讓婚戀之事更為熱絡、機會更多，但是如果有人約你，你卻不肯出門見面，不給自己與對方一個認識的機會，那麼，縱使桃花調得旺盛了，又有什麼用呢？

因此，吾人就算相信人生自有天定之數，但是依舊必須努力奮鬥，才能成就美麗人生。不僅如此，一個人如果一生無風無浪，行運順利，除了是自身的努力之外，還要感謝上天的眷顧。除此之外，更要懂得謙遜，並對人生際遇不順、社經條件低下之人，多一份的憐憫之心。修德自勵，方能福德綿長。

二 如何證明天定之數存在？——我的卜卦學習之路

記得初學卜筮之時，年方二十初，乃是依據宋朝大儒朱熹之理論一步一步按部就班地學習。有興趣的人，可以李光地所纂《周易折中》一書中，所收錄朱子所著《易學啟蒙》為教本，依循其〈本圖書第一〉、〈原卦畫第二〉、〈明蓍策第三〉、〈考占變第四〉之次第，即可明白其卜筮之法。

朱子於《周易本義》中，尚有〈筮儀〉一文，清楚地說明卜筮儀式的過程。其中有云「置香爐一於格南，香合一於爐南，日炷香致敬。將筮，則灑掃拂拭，滌硯一注水，及筆一，墨一，黃漆板一，於爐東，東上，筮者齊潔衣冠北面，盥手焚香致敬……」，又謂「禮畢，韜者襲之以囊，入櫝加蓋，斂筆硯墨板，再焚香而退」。〈筮儀〉還清楚說明了占卜的地點設置、用具，筮者心靈狀態的調整等等事項。《周易．蒙卦》亦謂「初筮告，再三瀆，瀆則不告」。這些都說明，在占卜過程中，卜筮之人必須誠心恭敬。

然而，在我學習卜筮的過程中，遇到幾項瓶頸無法突破。首先，由於整個過程「凡十有八變而成卦」，故需時接近二十多分鐘，方能占得一卦，因此，精神有時無法凝聚專注。

其次，卜卦完成後，有時一爻或二爻變動，有時三爻動，有時甚至五爻、六爻皆動，以及亦有六爻皆不變的時候。總之，情形混亂。且依據朱子《易學啟蒙》的說法，「二爻變，則以本卦二變爻辭占，仍以上爻為主」；「四爻變，則以之卦二不變爻占，仍以下爻為主」，而作注者強調「經傳無文，今以例推之當如此」，說明其理論的不確定性。因此，動爻數目不一，導致判斷上缺乏一個主軸。

再者，縱令比較簡單的一爻變或五爻變的情形言，乃以所得之卦的某一爻辭來判斷吉凶禍福，但仔細研究可知，爻辭與所問測事項之間，有時有關聯，但大部分的情形並無關係。兼且對於所問測之事的內容，無法有一清楚而細緻的分析，所得有限。上述三大問題，始終困擾著我的學習。

後來透過研究《卜筮全書》、《野鶴占卜全書》等占卜之書，發現自漢朝京房闡述易學之奧義，始創六爻納甲之學，同時針對著草起卦之方法，簡化為三枚銅錢的起卦之法，過程只要短短幾分鐘，擲錢六次，即能得一卦，解決了卜卦過程，精神無法專注之問題。因此，我從此就改以擲錢法或稱搖卦之法代替原來的、透過蓍草演算的繁複方法。

其次，六爻納甲透過六親體系以及用神的擇取，將所要測問的各種事物予以分類。如此一來，亦解決了只能透過關聯性不高的卦爻辭解釋吉凶禍福之弊端。

因此，在此之後的多年期間，我即依此法為人卜算。其中多有驗者，然亦常有不驗之情形。而透過六爻納甲的搖卦之法，依然會出現上述動爻數目不一的情形。在大量閱讀六爻經典之後，發現各書中對於這種情形的解決方法不一，且在實踐之後，發現很難有一個具體的綱領可以依循，這也造成我斷卦上的混亂。

再者，依搖掛之法，每占一事，則需搖卦一次，一次需擲錢六次方能成卦。曾有朋友相邀，於慈善活動場合設攤位，為人卜卦測事，這時，在一個時辰之內有多人問測，搖卦之法此時亦顯得繁瑣。

另外，傳統六爻卦以世爻為我，對於求測人信息的描述，常常出現無法相應的錯誤。因此，六爻納甲與搖卦方法經實踐多年之後，依然存在一些困擾，致使我斷卦的準確度無法更上一層樓。

近年來，由於高人指點，以及自己多年來研究奇門遁甲以及大六壬的心得，發現奇門、六壬皆以時空起卦之法來斷事，故而六爻卦應該也可以如此利用。於是結合了梅花易數的先天卦，融合了六爻卦的六親系統、世應爻等，仿奇門、六壬之法，依乾一、兌二、離三、震四、巽五、坎六、艮七、坤八的先天卦數，以時空來起卦為人測事。在此之後，不但不需搖卦，其後再有類似一個時辰內多人問事的情形，亦都能以此時空卦應付裕如。

不僅如此，以此方式起卦，只有一個動爻，斷起卦來，有一清楚的綱領可循，而在這種以先天之卦預測後天之事的方式下，讓我的斷卦能力與日俱進。

在個人研究易學的進程中，尤其是以時空起卦為人斷事以來，經過大量的實踐之後，在根本之處，改變了我對於一些哲學理論以及人生的看法。以四柱為人論命，縱使所論皆能應驗，但試想，四柱畢竟是屬於個人的信息儲存庫，只應個人之事。而不論以時空所起出的六爻卦、奇門局、以及六壬課，卻能夠為多人斷多事，此正說明了時空信息中即儲存著各種事物發展的天機。

個人有過非常多次的義診經驗，在一個時辰中為多人測斷多事，是常有的事。記得在一次園遊會中，有一個五十歲左右的婦人，不知是覺得有趣，還是故意試探，一共問了十個親戚、朋友之事，問測之後，向我再三致謝，非常滿意地離開攤位；另外一次，有一個雇主帶著她家中幫傭的泰勞，來攤位測問三件事，包括財運、男女感情，以及身體健康，都能準確無誤地斷出，讓雇主與泰勞都十分驚訝。而時空起卦，除了可以測問別人之事，有時甚至不必親臨現場，只要透過電話，即能測事，而且皆能一一應驗。

因此，大量以時空起卦來斷事的實際經驗，充分證明了，在什麼時間點，有什麼人來問卦，都是天定之數。由此亦可得知，人的命運有其運行之軌跡，否則，我們就不可能準確而精緻地測斷求測人的事。

而由於一般命理諮詢師或是不懂卜卦，或是只使用搖卦法之六爻卦，不懂時空起卦之法，因此，對此之體悟不夠深刻，在本書以及我的部落格——博士命理——中的一些實際卦例，只是我為人測事至今，所累積數千個例子中的一小部分，足以證明上述之觀點。希望有緣的朋友，能夠拋棄心中的定見，平心靜氣地多看幾個斷卦實例，您肯定會對命運之事，有一深刻而嶄新的體悟。

三 吉凶與責任何者優先？

人生的責任義務與命運吉凶是兩個不同範疇的觀念，但卻常常被人混為一談。話說某天深夜，我與妻子一邊喝著威士忌，一邊閒聊。微醺之際，我突然問她，妳想不想知道我們倆將來誰先離開這個世界？

關於這點，我並非隨便說說，事實上，針對這個問題，尤其是有兩個以上的孩子，則從小孩子的八字著眼，看父母兩人氣數的盛衰，即可得到解答。妻子想都沒想就回答，對於此事，她完全不想知道。

我接著問她，妳想不想知道，在我們的孩子之中，將來誰的成就比較高？誰會對父母比較好？我之所以這樣問，當然是因為從四柱的理論來看，這些問題都可以得到解答。為人父母者只要看自己與自己子息星之間的互動關係，足可斷定此事。

妻子足足想了約莫五分鐘，最後告訴我，還是不要告訴她好了，因為她怕自己知道了以後，與孩子的相處上會有分別之心。基於這個緣故，妻子還是不知道孩子之中誰的成就高，誰對她會比較好。易簡覺得，這倒不失為一個有智慧的抉擇。由此，我想起了那個相士的故事。

在我就讀博士班期間，對於命理之學非常感興趣。對面的鄰居在鎮上是開中藥房的，平日在店裡總是聚集了一些人在下棋、聊天，十分地熱鬧。而在這些人當中，有一年約六十的相士。鄰居告訴我，他觀察這個相士好多年了，確有真材實料，而且喜歡鐵口直斷，從不含混。

為此，他告訴我幾件真實發生的事，其一是一個年近四十歲的青年帶著父親的相片，直接到中藥房找到相士，因為他的父親日前心臟病發，緊急送到鎮上的醫院，經過搶救之後現在正在加護病房，尚未脫離險境，他想知道父親此次能否度過這個難關。

相士端詳照片良久，最後又仔細看了看這個青年，然後說道：「這個老人這次肯定死不了，反倒是你，年輕人，你會比你父親早走，最近要特別留神自己。」男子在付了預測費之後，悻悻然地離開了中藥房。事隔不久，老人確實出院了，但就在求測之後約莫兩個多月，這名青年在週末聚會返家的途中，遭一名二十出頭的年輕駕駛，酒駕開車撞死。

我的鄰居告訴我數則類似的例子，每個例子都說明這個相士確實道行很高，他知道我向來對於命理之學有濃厚的興趣，因此，極力向我推薦這個相士。於是我央託鄰居去問他肯不肯收徒弟？條件如何？

鄰居轉告我，相士說他以前也收過幾個徒弟，現在都在開業了。學習相術，有他指導，快則一年半載，慢則三年未成，實際的進程，要看個人的悟性高低。他所開的具體條件為，拜師禮十二萬六，除此之外，每個月還要支付他三至五千元，做為其零花之用。

這個條件不算嚴苛，而且我也負擔得起，並不是問題。但是我始終對於相士的人生充滿好奇。因此，我請教我的鄰居，有關於這個相士的事情。根據鄰居的說法，相士獨自一人生活，「難道沒有結婚嗎？」我問。鄰居告訴我，他聽很多人說，相士原是有妻兒家室的，家就位於隔壁鄉鎮。

鄰居曾聽過相士自己說，由於他早看出妻子無法「旺夫益子」，而一對兒子將來都是

「沒路用的卡小」。所以他很早就看破，離開家庭，獨自在外居住，跟家人早已沒有往來多年。自此之後，曾經跟過幾個女人短暫同居，卻都沒能維持長久的關係。

我雖想拜師，但對象最好是能夠「術德兼備」為最佳。而探聽的結果，使我卻步了。因為這個相士就「術」的層面言，無疑水平很高；但是就「德」的層次言，實在是令我不敢恭維。也由於當時正在撰寫博士論文，課業繁忙，於是就將拜師這件事暫時擱下了。

過了一年多，博士學位拿到以後，在與鄰居閒聊時，又談論到那個相士，鄰居告訴我，那個相士早在幾個月前在家中上吊，被人發現時已經死亡多時了。鄰居還說，要是我那時拜他為師，他有個徒弟教，生活有所寄託，也許就不會走上絕路了。想起這個相士的一生，實令我不勝唏噓。

這個相士的故事在我學術數術的過程中，發揮了很大的影響，讓我對於人生與命運之間的關係，有了更深的思維。其實，命運乃自吉凶成敗一面言，而身為一個人，在某些領域，卻不能只依據吉凶成敗來決定自己的行為，畢竟，人生還有諸如責任與義務層次的事，是超愈在吉凶成敗之上的。

我在為人以八字論斷人生命運時，常常鐵口直斷某人依靠父親多，與母親無緣；某人則與父親之間相處冷淡，而與母親感情好，幫助也大；甚至有些人，父母對命主都沒有什麼助益，自小得要依靠自己打拚；當然，也有父母都幫助很大的人，那畢竟是少數了。推斷這類事物，應驗率非常地高，幾不失準。但是，我們能否依據父母對於我們幫助的大小，來決定我們是否要孝順父母嗎？甚至依照幫助我們的比例，來決定我們對他們的好壞程度嗎？當然不可能是如此。

不僅如此，透過八字命盤，以男人為例，我們可以論斷他與伴侶之間的關係，究竟是琴瑟和鳴，抑或是水火不容。但難道只依據吉凶程度來決定我們面對婚姻的態度嗎？此生婚姻得以幸福愉快，我們除了感謝上天以外，難道不必用心經營？反之，勢如水火的兩性關係，更要用心對待，小心謹慎。

同樣地，透過一個人的八字命盤，我們一樣能夠準確論斷其子女將來誰比較有出息，誰會對父母比較好。難道我們因此而疏離某個子女，盡力栽培那個將來會對我們好的子女嗎？我想只有愚蠢至極的人才會這麼做吧！事實上，愈沒出息的子女，更需要父母的栽培提攜，以免將來無法自立，成為啃老族，變成父母晚年的夢魘。

關於孩子誰能比較有成就，以及誰能對她好，我的妻子決定不想知道。但是，做為父親的我，對於這些問題，卻是非常清楚地知道答案。然而，孩子以後能否有成就，那是他的造化問題；至於如何培養孩子，卻是身為父親的責任問題。這是我的義務，遠遠超愈於吉凶成敗之上，此界限不可不知。因此，我的決定是，對於我的小孩，我都竭盡心力栽培，並將所有小孩的教育條件，都設法拉到同一水平。

命運乃自吉凶成敗言，在某些領域，卻不能只依據吉凶成敗來決定自己的行為。那個相士最大的問題，就是他對於此點沒有清楚的認識。那個相士的妻子是否是惡妻，我不清楚；一對兒子是否真的是「沒路用的卡小」，我亦不知。但是，如果那個相士能夠明瞭這些道理，用責任心經營家庭婚姻，則肯定會有一個不一樣的、相對圓滿的人生。

四 哪種姓名學最準？五格剖象法？

走進稍有規模的書局，來到命理書籍區，你會發現為數不少、專門講述姓名學的書籍。可見大家都很關注這方面的資訊。在我為人論命的過程中，稍加統計，大致上約莫有兩成的求測人曾經改過姓名。更遑論網路上充滿著許許多多姓名學的網站，由此可見，一般人對這方面的需求是蠻大的。

書局有關姓名學的書，易簡大致上都查閱過，以類別言，大致以五格剖象法的姓名學書籍最多，大約占了七成左右。而網路上各個命理姓名學的網站，也大多使用此種方法取名，因此，這種方法可以說是臺灣姓名學的「主流」。

五格剖象法是由日本人熊崎健翁所創制，因此也稱之為「日本五格剖象法」或者「熊崎氏姓名學」。其創制的易理基礎，只不過是天干之間的生剋吉凶關係罷了，簡單至極。

這套姓名學後來由臺灣留學日本的學生白惠文帶回臺灣翻譯推廣，後來就普遍流行於華文世界。

「五格剖象法」是將人的名字分為天格、地格、人格、外格、總格，共有五格，故稱之為「五格剖象法」。然後依據五格的筆劃統計數字，對照其「八十一劃吉凶數」進行吉凶禍福之判斷，完全是單純以數字來判斷名字的吉凶禍福。

對於熊崎氏姓名學，易簡曾經認真研究過，老實說，其易理內容根本不難，但徹底研究之後，將其理論套用在家人、朋友身上，結果是不驗者多多。後來也就放棄了這種準確度不高的模式，改採其他模式了。有興趣的朋友，只要找幾本寫得比較有理路的書籍，就能學會。但稍加實踐就能知道，其效用如何。

別的先暫且不論，根據這種姓名學的方法，如果說你是單姓，比如說姓林或姓陳，就必須在姓上方加一來計算天格數；又如果你是複姓單名，比如說歐陽修，則必須在修字下方加一來計算地格數。

這麼做的原因，來自於這種姓名學是日本人所創造出來的，因此，是以日本人等取名的習慣角度來思考問題。日本人的姓名以四個字的居多，而用來中國人身上，不免產生削足適履的弊端。

除了上述問題，更為核心的、理論上的弊端在於，豈有一個名字人人適用之理。這就好像不論你患有什麼樣的病症，一種藥物可以醫治千百種是一樣的道理。稍有理性的人必定知道，世間沒有這樣的可能性存在。

試想，透過五格剖象之法，設計出一個好名字給某甲來用，某甲八字以火為用神，如果將此名字套用在乙身上也適用，但乙卻是以金為用神，以火為忌神的八字，這樣的道理說得通嗎？

更有趣的是，為了行銷的緣故，一些知名的姓名學網站上充斥著類似這樣的案例，什麼一個性格非常憂鬱、幾近自殺的青年經過改名之後，變成了陽光少年，一掃過去的陰霾個性；又或者一個性格急躁，和老公、子女常常衝突的婦女經由改名之後，變得家庭和樂了。

性格與人生命運，豈是那麼容易就能改變，「江山易改，本性難移」才比較符合現實人生，上述的案例，只要稍有社會歷練的人，一看就知道只能當作「故事」來看，純屬虛構。

古人認為影響一個人吉凶的五大因素，由其輕重次序排列分別是「一命，二運，三風水，四積陰德，五讀書」。請問姓名在哪裡？因此，其重要性可以說遠遠不及以上五者。古人所云，絕非虛假，易簡對此深有體悟。

曾有幾次的經驗，易簡為人操作風水，過了一段時間，當事人回饋，調整的各個部分都如當初我所言的應驗了，唯獨夫妻之間爭吵的情形並沒有完全改善，但她亦說，兩人吵架的次數和程度比較緩和了。我後來要了夫妻兩人的八字進行分析，發現兩人原本就屬於婚姻不和的八字，因此，縱使透過風水的具體操作，效果還是有限。

另有幾次，為人操作風水之後，當事人回饋各項皆有改善，唯獨財運部分，雖然收入較好了一點，但是多了收入後，遭逢一點意外又破財，因此，風水操作只是讓他生活比較好過些，並無法讓他變得有錢。要來本人的八字，發現他現在所走的大運流年就是處於財運不濟的時期。

為何這些風水的實際操作對某些方面功效有限？說得透徹一點，那是你命中所有的定數，不是風水操作可以完全改變的。故云「一命，二運，三風水，四積陰德，五讀書」、「命裡有時終須有，命裡無時莫強求」。風水操作尚且如此，何況改名？因此，想要改姓名，就能扭轉乾坤的想法，純屬虛妄。

為人八字論命的經驗當中，約莫將近兩成的人曾經改過名字，但在這些改名字的人當中，約有七、八成的人改取的新名字並沒有比較吉利。其中一半的人與舊名吉凶差不多，另一半的人卻是愈改愈糟。

因此，真正的姓名學，必須透過四柱模式，以命主出生的年月日時為條件，分析命主的喜、忌、用神，依據個人八字來量身訂製，方能打造個人專屬的好名字。縱然如此，更換名字的效能，還是不及命運與風水之學。

五 真的可以透過設計八字來規劃命運嗎？

近年來，選擇良辰吉時剖腹的命理服務頗為流行，也就是設計一個完美的八字，依時剖腹，靠此方法規劃人生命運。專業的說法叫做「優生造命」，時下有很多命理師都提供這樣的服務。而且收費很高，低者三千六，高者六千六，甚至有人收到一萬元以上。

李木森先生經由朋友的介紹首次來到我處，進了門寒暄幾句後，開門見山地說，我的太太即將臨盆，根據醫生的判斷，預計要在國曆的九月十二日至九月二十六日這兩個星期之間出生，聽過好幾個朋友都說老師預測水平很高，這次前來是想讓老師選擇一個良辰吉時剖腹生產，也就是能夠讓我兒子擁有一個好的八字。

一般父母所設想的理想的人生，無非是以下幾項：旺父旺母、讀書名列前茅、工作順利、既富且貴、婚姻美滿、子女賢孝、健康長壽、沒有傷病、沒有車災橫禍、沒有官非訟獄等等。事實上，這麼高的標準，連神仙也設計不來。試問，從小到大，同時擁有上述條件的人，你看過幾人？

請仔細看看周遭的人，上述十種條件擁有六、七種的人，已經是很好命的了。擁有八種，甚或八種以上的人，真的要感謝上天的特別眷顧了。實際說來，如果要你選擇只能擁有以上六個，必須捨棄其中四個條件，其實對每個人來說，都是不容易的抉擇。

對於李先生的要求，我很清楚，就能力言，本人亦非做不到，但基於個人的信念，易簡通常都會請想要優生造命的求測人另請高明。

然而，基於一個父親愛護子女的心理，我也不忍讓他空手而回，因此，特別囑咐他，在這兩個多禮拜當中，國曆九月十二丙子日，十四是戊寅日，十五為己卯日，十七是辛巳日，十九是癸未日，二十是甲申日，二十一是乙酉日，二十三是丁亥日。

上述這些日子必須排除。原因在於這些日子出生的人，身體健康狀況必定不佳，或是心臟不好，或是腎臟、膀胱不佳，或是筋骨不好、肝膽有病，或是脾胃消化不良。至於病症的輕重程度，必須看他出生的時辰，以及結合命局用神來綜合參斷。

至於易簡所謂的「信念」問題，必須從一個更為深刻的角度來看這個問題，透過「人造」的八字來「設計人生」、「規劃命運」的做法，是否真能達成目的，也就是說人能否設計一個八字，讓他依循這樣的軌跡去走，這在命理界其實意見不一。

持肯定態度者認為，我們可以透過八字來推算一個人的一生歷程，因此，當然可以經過計算，設計出一個比較優良、甚至完美的八字，對一個人，做出規劃，讓他循著規劃走完人生旅程。

持反對意見的人則認為，設計一個八字讓他經由剖腹生產，這個八字屬於「人造的」，並非他真正的出生時間，這根本不是他本身「真實的」八字，因此，他的人生根本無法依其設計而行。

這就好比一個人去整形，將其財帛宮，亦即鼻子，整得符合有錢人的面相，但他並不能因此擺脫他原來經濟水平低下的命運一樣，因為，那是透過人工的方式造作出來的。

針對這個爭議，易簡有不同的看法。以上述的問題來看，就理論言，我認為設計一個八字，確實可以達到規劃人生的目的，但是就實務言，真正的問題在於，受到規劃的這個新生兒能不能「得到」這個八字。

多年以前，易簡對此問題並沒有那麼深刻的思考，自忖學習易道有成，也提供優生造命的服務。曾有那麼一次，受一個熟識多年的朋友請託，請易簡設計一個八字，讓他兒子依照規劃的時間剖腹生產。

為了防範兒子太早出生，當事人還請我將時間從預產時間往前挪移。於是，易簡在朋友的請託之下，盡展所學，設計出了一個令人滿意的八字，而且足足比預產期早了約莫一個星期。

朋友遵照易簡所選定的良辰吉日，跟醫生商議好了，請醫生能夠排定時間，依時剖腹生產。誰知道，人算不如天算，孕婦在前一天下樓梯時，不小心踩空，導致下體流血，緊急送到醫院，經診斷，羊水已經破了，最後在當天的夜裡，孩子來到了這個世界。

雖然只比規劃的良辰吉時提早了幾個時辰，但是四柱中的日柱與時柱與規劃的不同，因此，命運卻是天差地遠。這個小孩身體健康不佳，終生都得為腎臟、膀胱方面的疾病所苦，這已是先天的定數。本來為他而規劃的種種吉利之事，都無法出現在他的人生中，實在令人遺憾。

雖然，這種結果並非易簡所樂見，更非易簡所設計。說白一點，純屬意外，非人力所能控制。因此，並非易簡的責任。當然，朋友也沒有絲毫怪罪之意。但每次見到這個臉色略白、氣色不佳的孩子，我的心總是會不自覺地揪一下。

然而，因為這個例子，讓易簡原則上不從事優生造命的服務。因此，如果有求測人提出要求，我大都請他們另請高明。因為易簡相信，每個人都帶有自己的因緣或是能量來到這個世間，這屬於天道層次，不屬於人力的作為。

基於這樣的信念，做為一個命理工作者，易簡比較傾向於讓「上帝的歸上帝，凱撒的歸凱撒」，縱使你易道高深，甚至精通法術，人都不應該自恃一點小聰明，而去干涉天道的作為，去進行所謂的優生造命。

六 如何判斷命理師的好壞？

我們如何判斷一個命理師的好壞？要以什麼做為判斷的依據？關於這個問題，我們必須先釐清算命一事之本質為何？

所謂的「算命」或「預測」，乃是透過某種術數模式，讓人可以某種程度的看清自己的人生發展，其重點在於將來。然而，由於未來尚未發生，如何驗證成為難題，因此，一般人只能以命理諮詢師對於以往人生軌跡的判斷做為檢視命理師的標準。

於是乎，算小孩子的命運是最容易的；而年紀愈大的求測人，對命理諮詢師而言，難度愈高。何故？小孩子要驗證命理諮詢師的斷言，需要很長的時間，而年紀愈大的人，生命經歷愈多，可以直接判定命理師論斷的內容究竟是對是錯。

舉個鄰居的實例來說明，鄰居有三個小孩，老大、老二從小與一般人一樣，讀的都是公立學校，唯獨小女兒，天資成績亦非特別優秀，然而自國中起，讀的是學費昂貴的私立學校，而且從國中開始就請了英文家教，一對一教學；到了高中之後，更不惜重金送到臺北的私立中學就讀。

這看在我們鄰居的眼裡，都十分納悶。而小女兒最後的結果是考上一家私立大學的護理系。有一天晚上，孩子的父母聯袂登門拜訪，因為他們知道我深諳命理，於是小孩的母親拿出小女兒的八字命書向我請教。

孩子的母親說，約莫二十年前，小孩剛出生時，給街上的一位命理師測算過小孩一生的運勢。這位命理師斷言這個小孩將來是當醫生的命，因此，他夫妻倆不惜成本，對老三用心栽培，目的無非是想家中能夠真的出個醫生，但不料卻是這樣的結果。而且，事隔多年，命理師早已過世，夫妻倆百思不解，希望我能解開他們的困惑。

原來如此，無怪乎這個小孩從小受到這樣的安排。仔細審閱小孩的八字命書之後，我告訴他們，命書上說這個小孩命帶天醫星，因此，那個老命理師即以此神煞做為小孩具有醫生命的依據。

然而，這個部分恐怕是不對的，事實上，這個小孩帶的神煞是地醫星，而非天醫星。所謂天醫者，可以歸納為層級較高的醫生；而所謂地醫者，屬於層級比較低的醫護人員。因此，小孩考上護理系，將來當個護理師，完全符合其本身命運的走勢。

歸根究柢，老命理師如果不是刻意討好測算人，恐怕就是在查找神煞時犯了錯誤。但是，一個錯誤，竟花了將近二十年的時間方能驗證。因此我說，算小孩子的命是最沒有挑戰性的，因為，驗證無門。

而若從預測內容著眼，則命理諮詢師的意見可以概分為以下幾種，有一些命理師根本找不到命主的定位，看錯方向乃至於看錯了人，不但沒有參考價值，還有誤導人生方向之虞。學術能力低劣，簡直就不及格。

另一類的命理師雖然能夠看對人，看對方向，但是看得模模糊糊，只有一個吉或凶的判斷，對指點命主來說，實質而具體幫助非常有限；或者判斷似是而非，或是根本順口套話，然而，對於吉在何方，凶應何事，全然無法鎖定。上述這些命理諮詢師可說學術造詣平平，然而，就現實層面而言，這種命理師恐怕不在少數。

說白了，命理諮詢師的優劣，除了必須找準求測人的定位，看對方向以外，根本的標準，在於他看求測人未來所面臨處境的準確與精細的程度。此事可以望遠鏡的機能做為比喻。

有的望遠鏡，可以精確聚焦於數公里以外的事物，將其看個清楚；有些望遠鏡只能看個數十公尺；更有甚者，有如兒童的玩具，看遠物模糊不清，徒具望遠鏡的外表而已。

讓求測人能夠看清人生命運起起落落的時空點以及具體事件，以及在行走時所面臨的各種艱難險阻，進而讓人能夠預作準備，以達趨吉避凶之目的，就是一個優質的命理師。而在現實生活中，這類優質的命理諮詢師實不多見。若自這個標準來看，一個優良的命理師，其條件為何，他必須具備哪些專業知識呢？

首先，他必須精通一門諸如四柱或紫微之命學理論，能夠將求測人一生的先天條件以及後天行運之信息予以宏觀上的定位；但是有些求測人不清楚八字，又想知道某些事情的吉凶禍福，或者想要更細微瞭解某些重要的事件，這時一個好的命理諮詢師，必須精通至少一門，包括六爻卦、奇門遁甲、大六壬等在內的卜筮之學，使其能夠進入到微觀的層次，將事件的來龍去脈看個清楚。

另外，有些問題涉及到風水的調理，因此，命理師也必須精通風水之學。具有論命、測事、風水這三方面的學問，才能對於求測人各種相關問題的解答，有一個比較全面的能力。

相較於以上卜筮、命學，以及風水三門學問而言，其他諸如擇吉與姓名學當屬基本功夫，其重要性不及上述三者。

另外，一個命理師最好知識面廣博，才能將這些判斷轉化成現代人能夠理解的狀態語言，也比較能夠貼近現實生活，而不會一味套用古書那些諸如什麼「殺印相生」、「官殺兩透」等術語，令求測人一頭霧水。

另一個非常重要卻也常為人所忽略的因素，則是命理諮詢師的人品問題。有些命理諮詢師因為生意清淡，故偶有顧客臨門，就刻意把狀況說得非常嚴重，對求測人造成心理負擔，以便大敲竹槓。另一類的命理師，則為了討好顧客，因此，報喜不報憂，專挑好話說。

還有一類命理師，則是將其學問說得彷彿飛天遁地，無所不能。你要財，他就能給你財；你要桃花，他就能給你桃花；夫妻要離婚了，他也能讓婚姻起死回生。人品高低雖與專業能力無關，卻是異常地重要，不可不知。依乎此標準，則上述這些情形，一樣無法歸類為好的命理諮詢師。

因此，真正好的命理諮詢師，除了堅實的專業能力之外，必須清楚瞭解「預測」之本質，堅守「有幾分證據，說幾分話」的原則，盡可能地從八字或卦象中，將求測人希望知道的事項提取出來，讓他能夠預先知道，進而得以趨吉避凶。

除此之外，一個好的命理諮詢師必須體認，雖然術數模式能夠預測一個人或一件事的發展趨勢，但是對於現實命運的實際影響有其侷限，不要讓求測人產生不當的幻想。如此，方能算是一個真正的好命理師。

七 洩露天機是福是禍？

民間流傳一說，說從事命理諮詢師的人，孤、殘、病三者必占其一。小時候的印象是，家裡附近幾個從事命理工作的人，確實大多數身有殘疾、或是命帶孤寡之人。

但事實上在那個年代，沒有像現在資訊這麼發達，可供選擇的事業種類那麼多，而身有殘疾之人，選擇性不多，多半只能從事修理鐘錶等不需到處移動的工作，而命理諮詢師的工作性質正好能夠符合這些人的條件，因此，才會有這種現象，久而久之，形成了一種趨勢，也影響了人們的觀念。因此嚴格說來，此乃倒果為因的說法，不足採信。

從事命理諮詢工作以來，常有比較要好的朋友提出這樣的疑問：做命理諮詢師洩露天機太多，恐怕對命理師自己的人生命運而言，是禍不是福。抱持這種觀念的人似乎亦不少。

從宏觀的角度言，一個人患病，若從佛家的角度言，實為其業力所致，那麼醫師診療治病，透過其專業減輕或根除病患之苦，除去了命主本身應承受的業力所帶來的苦痛，從根本上言，亦有相同問題，為何社會上對於醫生如何尊崇呢？同屬助人之工作，不應吉凶有別。明乎此，則上述疑難便可迎刃而解矣。

其實在各項命理諮詢的服務當中，除了風水堪輿之操作比較直接，可以達致某種程度的調整外，其他命理諮詢當然無法直接改變求測人的命運。舉例來說，本來身體有肝膽不佳的問題，經過諮詢之後，當然不能解除這些症狀，使其徹底根治；而一個人某步大運財運不佳，在命理諮詢後，命理師在根本之處亦無法改變這一點。

但是，透過好的命理諮詢，讓人預先知道吉凶，能夠使命主預做防患，進而「趨吉避凶」，對求測之人，實大有助益。然聽不聽從，防範到什麼程度，還在命主個人。

自更宏觀的角度言，即天道運行的角度言，連你在什麼時空點，能夠遇到什麼樣的命理諮詢師，亦為天定之數。一個人在走好運時，能夠遇到好的命理諮詢師為你正確的指引方向；反之，在走霉運時，連找三個命理諮詢師，恐怕都是庸師，亂指點一通。更有甚者，不但解決不了問題，還製造了更多的問題。

俗話說「福地福人居」，此話不假，但就順序言，應該是倒轉過來的。亦即一個正在走好運的人，就算不懂風水堪輿、尋龍點穴，隨便找塊地為先人造葬，所選之處無非吉穴；反之，一個行厄運之人，破財連連，兼且官非纏身，覺得宅第風水不佳，縱使重新尋覓新宅，所選亦無非破財官非之宅。

近年來，某些與命理諮詢師相關的事件時有所聞，例如有人以假學歷哄抬自己的身價，其實除卻其命理師的身分，不過就是一個詐騙行為人而已。有這樣的人品，進而導致這樣的後果，無疑是理所當然之事。

另外一種普遍充斥的現象就是所謂的「包工制」，有些人自稱某某派大師、自封什麼風水教父，平日專門負責在各種媒體上曝光以求取名氣，但事實上不但功力不足，而且由於名氣大，本人根本無法親自服務，像某些知名網站，提供給求測人的命書都是電腦程式計算的結果，根本不具有參考價值。

另外一種，則是訓練一批弟子，甚或將其消化不了的工作轉包給別人；還有一些有名的風水師，要找他時，都由助理接電話，然後告訴你因為大師業務太過繁重，無法親自為你服務，但是他會派出親傳的大弟子為你調整風水，說白了，這些都屬於命理界的「包工制」罷了。

但由於命理諮詢工作的特殊性，這樣的做法非常不妥。因為，就實際操作層面言，一百個命理諮詢師批斷同一個八字，會有一百個不同的結果，縱令同門師兄弟，亦有所不同。因此，所謂的「包工制」，根本是一種不負責任的做法，甚至可說是程度不一的詐騙行為。

每當有知名的命理諮詢師或其家人因某些爭議事件躍上社會版面時，記者或者電視名嘴總喜歡討論，既然本身是命理諮詢師，卻為何無法算及此次災厄，進而自行「趨吉避凶」呢？這些人於是就引申出算命不可信、命運是掌握在自己手裡等等的論點。

其實這樣的推論是有問題的。這個問題應該分幾個層面來看，首先，命理諮詢師本身是否真有本事推算出自己災厄的「專業能力」問題。再以醫師為喻來說明之。在社會上有很多醫生，然而真正能夠解決人體大的病症的醫師卻不多，多半還是看看諸如感冒等一般症狀的醫師為數最多。因此，雖然都是醫生，但是解決病症的專業能力卻有很大的差別。而同為命理諮詢師，但是學問根基深厚，真正具有這種能力的命理卻不多見。

另一個層面則是，縱使他具有高超的專業能力，但除卻命理師的身分，他本身亦是一個具有七情六慾的具體存在。只要不能「跳出三界外，不在五行中」，他就必須受到陰陽五行力量的制約，他亦難以擺脫自身之「命數」。就像一個專門治療癌症的名醫，無法根除自己家人，甚至自己得到癌症，是同樣的道理。不然的話，這些功力深厚的風水師，如果每個人都自行催財，不就個個成為大富翁了嗎？

最後謹以實證研究，做為對於這個論題的解答。民國初年以來，最負盛名的命理師莫過於所謂的「南袁北韋」。所謂「南袁」指的是袁樹珊先生，而「北韋」則是韋千里先生。兩位先生都是學識淵博之人，除了四柱以外，還精通相學、卜筮等，而且精通高層預測學的大六壬。

兩人不但皆得享高壽，婚姻幸福，兼且教育子女有成。袁樹珊之子袁德謙早年留學日本，後來僑居於美國紐約，並開設中醫院，以醫術濟世助人；韋千里所留下的三男三女中，有四個博士，兩個碩士。

證之以資料，則韋千里不僅僅是一個職業的命相家，更是一位通達人情世故的人生哲學家（有興趣的朋友可以參考曹又芳女士所撰之文章——韋千里的算命生涯）。而袁樹珊不但為人正直，每將算命所得，濟助族中貧苦之人，更曾興辦義學，其學問人品，足堪稱述。（有關袁樹珊與韋千里的實證研究，請讀者們參考易簡的網站——博士命理 www.ijfate.com）

由此可知，前述「孤、殘、病三者必占其一」之說誠屬虛妄；而謂命理師「洩露天機太多，是禍非福」之論亦不可信。

八 算命為何只做不說？

自從研究玄學以來，出門在外，常常看到一些風水操作的痕跡，尤其是一些生意場所。實則如要你細心觀察，將會發現包括一些診所、飯館、娛樂場所、早餐店，幾乎可以說，處處可見。

這些所謂風水操作的痕跡，包括諸如水晶的擺設、財神的供養、生意場所常常看見的一些轉動的水輪、金蟾蜍、幸運竹。還有臺灣風水師最近所喜歡用的貔貅，乃至於一些符咒、化煞物的設置，林林總總，不勝枚舉。細心的人一定能發現，有些飯店乾脆以挖水池養魚的方式來增進財運。這是因為在風水學上，水為財的緣故。

遇到這些風水操作的痕跡，做為一個研究與實踐者，我常常會客氣地加以詢問。但絕大部分的人，明明篤信風水，也請了風水師看過，卻不敢或不願承認，堅持說沒有。

舉例來說，曾在一個診所看到醫生既在櫃檯邊養魚（如果只有一缸魚，我們當然不能妄下此斷言），且在櫃檯邊有一根價值不菲、黃澄色的水晶柱；走進診間，又有一個五十公分高的紫色晶洞在他的桌上向著他的座位擺放，一望而知，是請人看過風水的。在我非常客氣的詢問之下，醫師卻堅決否認，說是自己喜歡水晶溫潤的感覺，剛好又有親戚在賣水晶，算他便宜云云……。

還有一次到一家早餐店吃早餐，就在進門的左上方，供奉著一尊財神之類的神明；在門外的熱食作業區斜前方又有一對約一公尺高、脖子上纏著紅帶子、開過光的一尊大肚彌勒佛，正對著生財的煮食區，一望而知風水操作明顯。詢問之下，老闆還笑笑地澄清說，那尊彌勒佛是朋友不要的一個木雕藝品，被朋友棄置在角落，他看了可惜，就把它收了下來，並且隨意找個地方擺放。不僅如此，這老闆還虛假地笑了笑說，這樣擺放不知道對不對。

一般的經驗大致如上所述。而在眾多次的詢問經驗中，只有極少數的人願意承認，其中包括一位開連鎖餛飩店、為人開朗的女老闆。在我客氣的詢問下大方承認，並且說明這是她的公公好意，請他的朋友，也是一名開業的、頗有名氣的風水師為她布局、擺設的風水物。問她效果如何，她很豪爽地回答，擺設之前與擺設之後，完全感受不到差異。

另外易簡有個特殊的經驗是，有次到一家餐廳用餐，一看之下不得了，在櫃檯四周，除了一尊應該是來自於東南亞，外表像大象的神祇，還有中國的催財符咒，一個大的紫色晶洞、一個較小的粉紅色水晶，日本的招財貓，滾動的水輪，含著錢的金蟾蜍，還有一小缸魚，可說是一個大雜燴。細問之下，老闆娘告訴我，她本人非常喜歡看有關風水命理的電視節目，只要上面說有助於財運的風水物，她都想辦法買到，置放在櫃檯周圍。難怪，完全不符合風水布局的法則。

然而，為何絕大部分的都不願承認，原因在於算命這件事情的特殊性質上，一個就算沒有什麼特殊身分地位的人，會在臉書上分享某一間餐廳，或是某一家蛋糕如何好吃。但是，一個人就算他對於命理深信不疑，他亦絕不可能公開承認、肯定甚或推薦。

為何只敢做而不敢承認，原因在於現今是科學昌明的時代，很多人將命理之學視之為迷信。而一旦表明你相信此術，則往往被不相信的人貼上迷信、不科學的標籤，實有損身分地位。因此，就算相信，就算實際做了，嘴上也絕不承認。於是乎，造成了這樣的結果，上至高學歷的醫生，下至早餐店的老闆，詢問之下，都沒有人肯承認。

正是因為這樣的原因，於是現在有很多的命理諮詢師，紛紛向科學靠攏，打出所謂「科學算命」的名號。以此來擺脫命理哲學不科學之印象。

舉例來說，有的紫微算命的網站直接掛上科學的名稱，號稱他是在測算並且蒐集了數萬人、數十萬張的紫微命盤，經過統計學而得到一些公式與法則，因此，完全符合科學的標準。事實上，同一時間出生的人，以及擁有相同命盤的人，就統計學上沒有差異，但是就實際人生言，卻有大大的不同，此點如何解釋？而且，以紫微、武曲、貪狼、陀羅等諸星曜來代表人生，進而論斷運勢的模式，兩者的對應關係本身就是非科學的。八字命理以四柱之干支做為論斷依據，情況亦完全相同。

另有一常常在電視上出現、非常有名氣的相學家，聲稱人生根本沒有命運一事，而每個人之所以擁有不同的人生際遇，皆導因於每個人遺傳不同。遺傳優良者，其人之健康智慧、個性必佳，因此一生命運良好，收穫必多，並且鮮少災疾。但是這種理論，無法解釋，一家眾兄弟姐妹，都是來自同一遺傳資料庫，為何兄弟之中有人身居高位，甚至重權在握；有人卻作奸犯科，一生令父母傷心……。另外，揆諸現實，多的是一生身體欠佳，疾病不斷，卻也大富大貴之人，這又該如何解釋？如果沒有命運一事，則不但八字與紫微之命學無用，且諸如六爻、奇門遁甲、大六壬那些卜筮之學全都無著力之處了，事實是如此嗎？從本書以及部落格中的一些實際的卜筮卦例中，足以證明上述觀點之錯誤。

科學是所有事物有無價值的唯一判準嗎？無法經由科學驗證者，是否即為假，或者即無價值？若按照此一標準，則包括讓人能夠鑑往知來的歷史學、使人深究宇宙造化的哲學、陶冶性情的藝術，乃至於安撫人心的宗教……等等，盡屬無用之物。但事實上，若將這些所謂不科學的元素抽空，那世界將是多麼蒼白乾枯、索然無味呀！

當然，任何一事，只要過度了，皆屬沈迷，過分沉迷都不好，萬事皆然，何獨算命一事？玩物尚且能喪志，何能以此獨非預測之學？

在此，易簡要干冒時代之韙，大聲揭示，命理之學確實不是「科學」，乃是屬於「玄學」的範疇。但縱令如此，並不減損它的價值。確實也只有「玄」之一字得以對於預測學之幽微神妙，卻又真實不妄之情狀，做一最佳的闡釋。而也在我多年為人論命、測事，以及操作風水的經驗後，對於老子所言「玄之又玄，眾妙之門」一語，有了更加深刻的體悟。

九　經過開光的化煞物效果比較好嗎？

化煞物需要「開光」的觀念，相信對風水學有興趣，且又常常在網路上瀏覽的朋友一定不陌生。甚至有時在電視媒體上，也常常看到有風水師在鼓吹這樣的信息。鼓吹該觀念的風水師，多半具有某種「宗教」，甚至是「法術」的背景，並不是純粹的風水師。

另外，在販售羅盤的網站上，有些人將羅盤的功能說得似乎無所不能，說羅盤能夠鎮煞，能夠制邪。尤其經過老師「開光」的羅盤，功能更是強大。而且說如果感覺羅盤失去神力，還可以送回「原廠保修」，免費重新「開光」。

對易簡來說，羅盤就只是一個測量工具，利於我們在風水操作上，能夠精準地立即定向。除此工具性以外，別無其他功能，更不具備神奇不可思議的「神秘力量」。

然而，在風水師透過各種媒體的推波助瀾之下，號稱在「開光」的神力加持之下的各種風水化煞物，身價立即水漲船高，一個五行珠簾要價五千六，一個外表形似工藝品的所謂聚寶盆索債一萬六千八，「開光」貔貅一對特惠價八千八百元，幾個水晶石排列成的七星陣，經過「開光」的加持也可以賣到四千八。

這樣的行情，在易簡的眼中看來，簡直是不可思議。說穿了，他們也都知道，這些東西的實際價值不高，然而，一旦加上了風水師「法力」的加持，立刻變成了不同於一般化煞物的「神物」，不僅僅是一個化煞物而已，因此，每個化煞物會因為風水師法術「道行」的高低而產生不同的作用。

去看看風水的經典著作就會明白，自古以來的風水宗師，從郭璞、楊筠松，乃至於明、清的蔣大鴻、沈竹礽，在其風水鉅著中可曾透露過任何有關神力、有關於化煞物需要開光的訊息？當然沒有，這些風水學的宗師，無一不是在闡述易學原理，透過易學原理來調理風水。

對照於風水學經典著作，就知道這些無非都是後人加油添醋的把戲罷了。而化煞物會隨「道行」的高低而產生不同的作用的說法，就像一個藥效完全相同的止痛藥，由非常有名氣的臺大醫師所開出，會比地方小診所給的止痛效果更好。有這種道理嗎？對照一下這個比喻，稍有理智的人一定能夠分辨上述的說法實在是站不住腳。

說穿了，這些錯誤的認知，其根源乃是來自於一般人對於風水學的範疇以及風水師工作欠缺認識所導致。風水學是時間方位吉凶的學問，道巒頭，說理氣，與神鬼、法術、宗教以及各種超乎現實的神力與靈體無關。

因此，不論是巒頭派，或是理氣派的風水師，他們主要是依據巒頭與理氣的風水原理，對於宅第的吉凶做一判斷與布局，並針對不合理之處，依易理予以化除或調整。

當然，一般人會有這樣的觀念，實際上是來自於許多命理師本身具有宗教信仰或道術的背景，在風水操作時，就將這些內涵融入到其中了。以致於一般民眾根本無從分辨。

以比例來說，在臺灣，大概超過五成的命相館會兼作收驚、安神等等服務，使得一般民眾分不清楚，以為開光、安神等科儀亦屬於命理師份內的工作，事實上，這是分屬兩個不同的範疇。

在擺放化煞物的時候，目的在於將原有的煞氣化解掉。但是，風水「宜洩不宜制」。

亦即在風水學的具體操作上，我們大致上是使用「洩」的方式，而不用強行「剋」制的方式。因為「剋」就是戰爭，戰爭就有輸贏，縱使能打勝，己方也必然損兵折將。因此，在風水學的具體操作上，我們針對房宅布局不合理的地方進行調整，對於某些煞氣，以化煞物加以調理，都是採取這種「洩」的方式。所利用的原理，其背後依然是依據五行的生剋制化原理做為指導原則。

水的煞氣用木來化洩，木的煞氣靠火來化煞，火的煞氣以土來洩除，土的煞氣則用金來化除，金的煞氣則以水的力量來解消。因此，總結而言，風水學其實就是一場五行之間生剋制化力量的調整操作，一點都不神秘，沒有神力，更無須依賴開光之神物。

為神像開光，以及有關安神位等科儀部分，這些都屬於宗教的範疇，與風水無關。因此，並非風水師的工作，至於入厝的擇吉，以及就理氣原理，神位應該放在哪個位置，才能發揮命主想要的功能，則此確實屬於風水的範圍。

在實際操作的過程中，易簡常常碰到這種問題。比如說，在為人看完風水之後，求測人常問易簡，上一個風水師經過開光的化煞物要如何處理……等問題。雖然這些工作與風水操作不相關，但是在實際上又常常遇到，因此，讓易簡必須要教導求測人如何處理，讓他們都能「心安」的方法。易簡會這麼做，也只能說類似的概念深植民心，一般人沒有能力分辨，為了免除解釋上的麻煩，不得已之下，易簡也只好「隨俗」了。

十 哪種電腦算命模式最準？

免費算命在時下非常流行，而當我們在網路世界瀏覽的時候，常常會碰到所謂的免費算命的網站，或者是某些網路，在經營上為了衝高瀏覽人數，提供免費算命的電腦程式，讓網友可以輸入個人資料之後，獲得電腦的測算結果。許多的網友樂此不疲。

這些電腦軟體測算的結果，對於你要問測的事情，嚴格說來，根本不具有指導性。因此，試驗過的人都知道，只能當成是一種「遊戲」來看待，認真不得。但是由於這些電腦軟體的測算是免費的性質，因此，還是不斷地有很多人在網路上嘗試。

事實上，這樣的嘗試根本是浪費時間而一無所得。但是，很多網站都設有類似的軟體測算程式，來增加網站的點閱率，說明有很多人都對這樣的電腦測算有興趣。歸結來說，都是由於消費者貪求「免費」的心理所導致。

還有一種美其名為免費算命的網站，在站上宣傳每天有三位免費算命的名額，當求測人進入網站算命之後，命理師常在說到關鍵處就語焉不詳，或是技巧性地迂迴以避開重點，最後則告訴你礙於時間有限，請下次再約時間，一定詳細為你服務云云。說得明白些，這些都是屬於行銷伎倆，並非真正的免費算命。

事實上，你到中醫院去，要中醫生為你治病。而病患之所以信任醫師，在於醫師具有醫療專業知識與技能。雖然有時診療時間不長，但這是奠基在醫學院學習多年之後，以其專業為你治病，向你收取診療費，理所當然。

而你到律師事務所，找律師諮詢法律相關問題，一般行情，諮詢費一小時六千元。表面上律師只是解答你幾個法律問題，但是這些都是他學習多年的成果，才能在諮詢時提供你專業有效的意見。因此，律師收取諮詢費，也被視為是理所當然。

「天下沒有白吃的午餐」，這是經濟學上的重要原理。因此，不論是醫師、律師、廚師、店員、房仲業者，提供專業或服務，賺取合理的報酬，乃是天經地義的事。

做為一個命理諮詢師亦然，同樣需要經歷一個漫長的養成過程。在這過程中，亦須付出不少金錢拜師學藝，然後經過多年的學習實踐之後，始能為人論命解惑。且在諮詢過程中，必須以易學之專業，殫精竭智，耗費心神地推算。由這個角度來看，則貪求「免費」的心態實有待斟酌。

然而，不可諱言的是，命理諮詢師與其他事業的不同之處在於，缺乏執照的認證過程。因此，在程度上難有統一標準，因此，也就更加良莠不齊。所以在判斷命理師的優劣上，比起其他行業言，無疑地更無客觀標準，更難認定。

在此順道一提，很多命理師在其個人資料上填報了一些某某大學命理相關的碩士、博士學位，或是某某易學機構認證之易學大師。說白了，在大學或研究所中，根本不存在命理的學位，另外那些所謂的證書，不過都是私人單位自行核發，不具有公信力與承認的證書罷了。

另外，在命理界還存在著一種現象，就是由命理師上各種媒體或開設網站打廣告，乃至於透過網路公司的協助，以強勢的行銷，鋪天蓋地出現在網友搜尋相關資訊的頁面上，讓你想不看都不行。

但是由於這些人應付不了大量的求測業務，這時比較常見的做法之一，就是透過比較昂貴精細的電腦算命軟體，在收到求測人的費用之後，將求測人的資料輸入，再將電腦測算的結果列印出來，寄送給當事人。

這些測算書上面，充斥著一些命理古籍上的字句，或是以一些似是而非、模稜兩可的詩句來搪塞。說穿了，只要肯花錢買幾套軟體，人人都可以開業當命理師。

由於常有人找我求測時，帶著那種電腦測算命書來向我請教，因此得知在社會上，花錢算命，卻只得到電腦程式測算命書的人委實不在少數。花費了不少錢，卻只得到自己看不懂的「天書」，實在冤枉。

因此，在此易簡要奉勸對於算命有興趣的朋友，一定要拋棄免費算命的迷思，不要再用那些網站上提供、徒然浪費時間的電腦算命了。而如果請人論命，最後拿到的是一份電腦測算的命書，那其實就跟廢紙差不多。

因為以電腦預測當作人生的指點，則好比去看了一個完全無法對症下藥的醫師之後，吃下一堆沒有療效又傷身體的藥一樣。

而不論測事論命，由命理師「親算」只是基本條件。由於命理師缺乏篩選審核機制，沒有證照制度，因此，只能靠求測人自行判斷。其中最重要的判斷標準是，預測的內容，與你人生現實的密合程度，以此做為判準，相信每個人就不會輕易受騙了。

貳・基礎維他命——卜卦知識ABC

一 男人女人：一切都是陰陽與五行

陰陽學說與五行學說是各種數術最為核心的基礎。離開了陰陽與五行，根本無法談論數術之學。因此，要學習數術命理，首先必須談及陰陽學說。

陰陽之概念，在中國歷史發展上出現的時間甚早，在殷周時期已有文字上的紀錄。而且隨著時代的向前遞進，它的內涵也不斷地發展、深化。當然，陰陽概念最早出現之時，所包含的內涵十分樸素而易於瞭解。其原意不過就是日照的向背。也就是說，在太陽出來之後，面對日照的那一面為「陽」，而背光，沒有日照的那一面就是「陰」。

陰陽的原始意涵雖然非常簡單，然而，透過陰陽學說，卻可以將宇宙萬物進一步區分為陰陽兩大類。事實上，從這個角度著眼，則世界萬物的形成、發展、變化與消亡，莫不是陰陽之氣的運動與轉換。

舉例來說，在自然界當中，則天為陽，地為陰。日為陽，月為陰。山為陽，水為陰。雄為陽，雌為陰。在人文社會當中，則以男人為陽，女人為陰。

陰陽學說可以無限地延伸，舉例來說，則上為陽，下為陰。動為陽，靜為陰。明為陽，暗為陰。進為陽，退為陰。外為陽，內為陰。開口說話為陽，安靜緘默為陰。拿扇子搧風為陽，停止動作為陰；扇子上方見光的一面為陽，背光的那一面為陰。檯面上的動作為陽；檯面下的運作為陰。

因此，透過陰陽這一對相互對立的概念，推展開來，即可將大千世界的萬事萬物概括於其下，無一例外。在談完陰陽學說之概念後，現在要談的是五行學說。

所謂的「五」，指的是金、木、水、火、土，五種最基本的元素。所謂的「行」，指的是運動著的事物。因此，「五行」真正的意涵就是五種不斷運動變化著的基本元素。

根據五行學說，大千世間的萬事萬物，莫不透過五行之間的運動而生成、發展、變化、消亡。五行的運動具體來說，有兩種方式，也就是「生」與「剋」。

五行之生剋關係

五行相生：

水生木，木生火，火生土，土生金，金生水。

五行相剋：

金剋木，木剋土，土剋水，水剋火，火剋金。

五行學說主張，由於這五種基本元素之間，從不間斷地相生與相剋，才建構成我們生活於其中的動態世界。中醫說明病理上的種種現象就是透過五行學說。而數術對於人生命運以及各種事件的預測，一樣也是透過五行之間的生剋關係，做為推測的基礎。

二　說長短，聊是非：此八卦非彼八卦

除了陰陽與五行學說之外，八卦也是學習數術的一個重要基礎，但是卻常常為人所忽略。但凡學習六爻、奇門、六壬、玄空風水，乃至於四柱、八卦都是一個不可或缺的重要基礎。

八卦是由伏羲氏所創思構設。自太極而兩儀，自兩儀而四象，自四象而八卦。所謂的「兩儀」就是陽與陰。以符號來表示則是陽⚊，陰⚋。

所謂「四象」就是重爻，也就是以陰陽二爻相互疊加，所形成的四種組合。即老陽、少陰、老陰，少陽。（如下圖所示）

四象圖示

老陽　少陰　老陰　少陽

在四象的基礎上，再向上疊加，成為三畫之卦，也就成了所謂的「八卦」。也就是乾、坤、震、巽、坎、離、艮、兌。八卦再進一步疊加，即構成了「六十四卦」，八卦是基礎，故稱之為經卦，六十四卦稱之為別卦。

八卦於大自然的取象上，乾為天，坤為地，震為雷，巽為風，坎為水，離為火，艮為山，兌為澤。

就其基本性質言，乾為健，坤為順，震為動，巽為入，坎為陷，離為麗，艮為止，兌為說（悅）。

於一家之中，則乾為父，坤為母，震為長男，巽為長女，坎為中男，離為中女，艮為少男，兌為少女。

於人一身之中，則乾為頭，坤為腹，震為足，巽為股，坎為耳，離為目，艮為手，兌為舌。古人為了便於記憶，總結了一套八卦的口訣。

八卦取象口訣：

乾三連坤六斷震仰盂艮覆碗

離中虛坎中滿兌上缺巽下斷

乾 ☰ 乾為天，為健，為父，為頭

坤 ☷ 坤為地，為順，為母，為腹

震 ☳ 震為雷，為動，為長男，為足

艮 ☶ 艮為山，為止，為少男，為手

離 ☲ 離為火，為麗，為中女，為目

坎 ☵ 坎為水，為陷，為中男，為耳

兌 ☱ 兌為澤，為說，為少女，為舌

巽 ☴ 巽為風，為入，為長女，為股

當然，所代表的事物遠遠不只上述所言，它可以擴展到許多方面，可說無窮無盡。

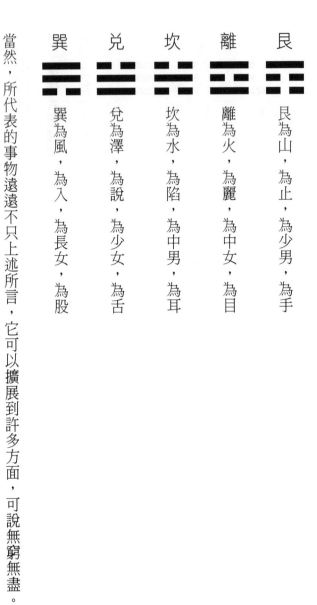

三 乾為父，坤為母：八卦代表的各種事物

在上文曾說到，八卦所代表的事物遠遠不只上述所言，它可以擴展到許多方面，可說無窮無盡。以下即以邵雍《梅花易數》一書中「八卦萬物類屬」一篇所記載比較重要的類象做為補充，當然，必須注意的是，這些內容只是比較常用的，請有心學習的讀者務必要熟記。當然，要先說明的是，這些不足以包涵八卦所能代表的萬事萬物。進階學習的部分，則請參考後面《梅花易數》的相關附錄。

八卦萬物屬類

乾卦：

天、父、老人、官貴、頭、骨、馬、金、寶珠、玉、木果、圓物、冠、鏡、剛物、大赤色、水寒。

坤卦：

地、母、老婦、土、牛、釜、布帛、文章、輿、方物、柄、黃色、瓦器、腹、裳、黑色、黍稷、書、米、穀。

震卦：

雷、長男、足、髮、龍、百蟲、蹄、竹、萑葦、馬鳴、母足、顙、稼、樂器之類、草木、青碧綠色、樹、木核、柴、蛇。

巽卦：

風、長女、僧尼、雞、股、百禽、百草、香氣、臭、繩、眼、羽毛、帆、扇、枝葉之類、仙道、工匠、直物、工巧之器。

坎卦：

水、雨雪、工、豬、中男、溝瀆、弓輪、耳、血、月、盜、宮律、棟、叢棘、狐、蒺藜、桎梏、水族、魚、鹽、酒、有核之物、黑色。

離卦：

火、雉、日、目、電、霓、中女、甲冑、戈兵、文書、槁木、爐、鼉、龜、蟹、蚌、凡有殼之物、紅赤紫色、花、文人、乾燥物。

艮卦：

山、土、少男、童子、狗、手、指、徑路、門闕、寺、鼠、虎、黔喙之屬、木生之物、藤生之瓜、鼻。

兌卦：

澤、少女、巫、舌、妾、肺、羊、毀折之物、帶口之器、屬金者、廢缺之物、奴僕婢。

四　離南坎北：先天八卦與後天八卦

先天八卦與後天八卦是學習五術的重要基礎知識。但一般人往往強調五行之生剋制化，而忽略了先、後天八卦的重要性。在此書以及網站中的一切論命測事文章，包含六爻、奇門、六壬、四柱，玄空風水，都是建立在先、後天八卦的基礎上予以推演的。因此，有興趣的朋友，一定要耐心理解並且牢記在心，才能為數術的學習打下堅實的基底。先天八卦與後天八卦的區別如下：

先天八卦為體，後天八卦為用。先天講的是平衡對稱；後天講的是流行致用。

先天八卦

先天八卦又稱之為伏羲八卦，由宋朝邵雍所傳。其學理根據是《說卦》中的一段文字。《說卦》曰：「天地定位，山澤通氣，雷風相薄，水火不相射。」

先天八卦數如下：

乾一、兌二、離三、震四、巽五、坎六、艮七、坤八。

先天八卦方位如下：

乾南、坤北、離東、坎西，震東北，巽西南、艮西北、兌東南。

其方位以九宮格方式表示如下圖：

先天九宮方位圖

兌2 東南	乾1 南	巽5 西南
離3 東		坎6 西
震4 東北	坤8 北	艮7 西北

先天八卦的方位與內容，在學習玄空風水、四柱，以及梅花易數與六爻卦起卦時，必須用到，因此，對易學有興趣的朋友務必勞記在心。

後天八卦

後天八卦又稱之為文王八卦，相傳為周文王所傳。其學理根據也是《說卦》中的一段文字。簡釋：《說卦》曰：「帝出乎震，齊乎巽，相見乎離，致役乎坤，說言乎兌，戰乎乾，勞乎坎，成言乎艮。」

後天八卦數：

坎一、坤二、震三、巽四、中五、乾六、兌七、艮八、離九。

後天八卦方位：

離南、坎北、震東、兌西、乾西北、巽東南、艮東北、坤西南。

其方位以九宮格方式表示如下圖：

後天九宮方位圖

巽4 東南	離9 南	坤2 西南
震3 東	5	兌7 西
艮8 東北	坎1 北	乾6 西北

此方位圖，與我們奇門遁甲局所排的盤式相同，朋友們不妨對照本書與網站中的奇門遁甲占例。後天八卦的內容數術的學習上亦非常重要，舉凡玄空風水排盤，奇門遁甲排局，大六壬起課，四柱上的方位、通氣關係，乃至六爻卦有關方位的判定，無處不需用到後天八卦的內容。因此，對易學有興趣的朋友，必須完全地理解並吸收，對數術的學習肯定大有助益。

五 甲屬陽，乙屬陰：天干與地支的陰陽五行屬性

學習易經，必須兼顧陰陽與五行兩大基石。陰陽中有五行，五行中有陰陽，陰陽與五行乃是形質之關係。如何將此一學理應用於天干與地支，亦是學理命理一個不可忽視的重點。

十天干的陰陽屬性，其判斷十分簡單。十天干依排列之順序為甲1、乙2、丙3、丁4、戊5、己6、庚7、辛8、壬9、癸10。在理解與記憶上非常容易，只要記得單數為陽，雙數為陰即可。因此，甲、丙、戊、庚、壬為陽干；乙、丁、己、辛、癸為陰干。

地支的陰陽判別亦同理。十二地支之順序為子1、丑2、寅3、卯4、辰5、巳6、午7、未8、申9、酉10、戌11、亥12。同樣地，依據單數為陽，雙數為陰則子、寅、辰、

午、申、戌為陽支；而丑、卯、巳、未、酉、亥則為陰支。

在陰陽屬性的區分上，陽主動，陰主靜。陽主大，陰主小。舉凡陰陽上的區分，包括了上下、明暗、進退、外內等等，都可以套入干支的陰陽差異之中。

對於干支的陰陽屬性，不論在網路或是現代人的書籍中，很多人提及，但是對於如何應用卻不明所以。易簡在此舉例說明，讓有興趣的朋友都能明瞭學習易學必須看重陰陽的深刻道理何在。以八字學理為例，如果是甲子日主生於春季，則可斷其頭髮既粗又密；若是乙巳日主生於秋季，則可斷其小時候頭髮細且疏。為何如此斷？因為甲乙五行屬木，木在人體上主毛髮的信息，而甲木為陽木，如同木本植物；乙木則為花草之木，故如此斷言。明乎此，則其他天干地支亦可同理推之。

天干地支之五行屬性

前文已經詳細說明了天干地支之陰陽屬性，接下來要說明的是天干地支的五行屬性。

在甲、乙、丙、丁、戊、己、庚、辛、壬、癸十天干中，甲、乙屬木；丙、丁屬火；戊、己屬土；庚、辛屬金；壬、癸屬水。

在記憶上有個訣竅，就是十天干的五行排列完全依據五行相生之順序，即由木為起點，（甲乙）木生火，（丙丁）火生土，（戊己）土生金，（庚辛）金生水（壬癸），完成一循環。

加上了陰陽屬性分類之後，則可以清楚地看出，甲為陽木，為木本之大樹；乙為陰木，可視之為花草之木。丙為陽火，為熊熊烈焰，如太陽之火；丁火為陰火，類似燈燭之火、點點星光。戊為陽土，為高山、高崗之土；己為陰土，為平原之土、田園之土。庚為陽金，其勢剛健猛烈，如刀斧之金、大型機械之金；辛為陰金，如珠玉之金，精巧金飾之類。壬為陽水，如江河、大海之水，流動性強；癸為陰水，為雨露之水，靜態之水。

地支亦同理。在子、丑、寅、卯、辰、巳、午、未、申、酉、戌、亥十二地支當中，寅、卯屬木；辰屬土；巳、午屬火；未屬土；申、酉屬金；戌屬土；亥、子屬水，丑屬土。

十二地支看起來不似天干這麼樣地有次序，記誦起來比較好像比較難。事實上，一樣有訣竅可循。在十二地支中，我們將辰、戌、丑、未四土先抽離，則剩下的一樣依循五行相生之次序，從寅卯木開始，然後到巳午火，接著是四土，然後是申酉金，最後為亥子水。

地支加上了陰陽屬性分類之後，其道理與天干完全相同。子水為陽水，亥水為陰水，與前述天干壬水、癸水之分相類似。申金屬陽；酉金屬陰。則一為動能較強，力量較大，如刀劍一般的金屬，另一則屬靜態細小的金飾。

對易學有興趣的朋友們，千萬不要小看這些基本觀念，這些觀念絕對是影響以後易學程度高低深淺的重要環節。唯有將這些最基本的觀念加以融會貫通並且爛熟於胸，易學的學習之路才能走得順暢輕鬆。

六 春夏秋冬的循環：節氣

二十四節氣在命理數術當中占著非常重要的地位。我們的祖先在長期實踐中，逐步認識並掌握了氣候條件和農業生產之間的關係。因為地球公轉軌道的圓周是360度，以運行15度定為一個節氣，每個節氣相隔15日左右，全年恰好二十四個節氣。

自古以來，農民都把它當作務農的標準時鐘來看待。每個節氣名稱都分別代表或反映出它的不同意義，透過二十四節氣，人們約略可以對一年之中氣候的寒暑變化有一大致的掌握。

十二個月配上二十四節氣，因此，每月各有一個節及一個氣。正月，亦即寅月，分別是立春、雨水。二月為驚蟄、春分。三月為清明、穀雨。四月為立夏，小滿。五月為芒種、夏至。六月為小暑、大暑。七月為立秋、處暑。八月為白露、秋分。九月為寒露、霜降。

十月為立冬、小雪。十一月為大雪、冬至。十二月為小寒、大寒。

在這二十四節氣當中，排在前面的，如正月的立春、二月的驚蟄、三月的清明等等，就是所謂的節；而看在後面的，如正月的雨水、二月的春分、三月的穀雨等等，都是所謂的氣。依此類推。

圍繞著節氣，在數術上產生了幾個常常為人忽略的錯誤。其中一個人們容易混淆的問題是，每一年的開端是哪一天，究竟是每年國曆的一月一日，還是農曆的正月初一。其實都不是。正確來說，是以每年的「立春」那一天為一年的開端。立春以前是上一年，立春以後才是今年。

即以2012年為例，2012年歲次壬辰，立春是落在國曆的二月四號，農曆是正月十三。二月三號以前，包括三號，都屬於辛卯年，到了二月四號以後，才正式進入了壬辰年。因此，假設有小孩出生於二月三號晚上十點半，就八字而言，他的年柱干支依舊是辛卯，而非壬辰。

還有一個更容易違犯的錯誤是，幾乎所有的數術推算模式，包括了六爻卦、梅花易數、四柱、大六壬、奇門遁甲等等。都必須嚴格遵循二十四節氣的計月方式，方不失準。也就是說，每個月是以那個月的節做為開端，而非每月的農曆一號。

以農曆六月為例，則小暑為六月之開端，在2012年的國曆七月七日，也就是農曆的六月二十三日戌時，約晚上八點五十七分左右，才正式地進入到農曆六月。

如果一個人在晚間八點五十五分出生，那麼他的四柱應該分別是壬辰年，丙午月，甲申日，甲戌時。而一個晚間八點五十九分出生的人，則他的四柱卻是壬辰年，丁未月，甲申日，甲戌時。雖然只差短短的幾分鐘，但兩人的月柱干支卻不相同，兩人的命運也就天差地遠。原因在於一個在小暑前出生，一個在小暑後出生。此點不可不慎。

此外，二十四節氣在數術模式的運用中，是以立春、立夏、立秋、立冬做為四季的開端。其中又以1、2、3月為春季，分別稱為孟春、仲春、季春，4、5、6月為夏季，7、8、9月為秋季，10、11、12月為冬季。

以2012年的夏季為例，指的是農曆四月的立夏、小滿，五月的芒種、夏至，以及六月的小暑、大暑。經查萬年曆後得知，約莫是國曆五月初至國曆的八月初。2012年國曆八月七日為立秋，為夏季結束，秋季正式開始的日子，正確時間落在上午的十點三十一分左右。

因此，一個在2012年國曆八月七日上午十點二十八分出生的小孩，其四柱分別是壬辰年，丁未月，庚子日，辛巳時。而當天早上十點三十五分出生的小孩，其四柱則為壬辰年，戊申月，庚子日，辛巳時。這兩個小孩的命運差別，比較上述那兩個國曆七月生的小孩，命運差別更大。為何？

原因在於月柱是節令的標誌，關係到各個五行的旺衰。月柱為丁未月出生的小孩，未月為夏季，故為火旺，而金走死地，因此，這個命主為庚金，屬於身弱一族；而如果月柱為戊申，則已經進入到秋季，秋季則金為當權得令之時，故這個小孩屬於身旺一族，因此，身旺與身弱的不同，會造成命局的各個五行的喜忌不同。因此，雖然兩個出生時間只有差短短數分鐘的先後差異，卻將造成格局截然不同，不同命運的人生。因此，對於節氣的掌握，無疑是各種命理預測模式一個非常重要的關鍵，不可不慎。此外，節氣也關係到五行之間力量強弱的差別，這將在下一節說明。

七 何者為王：五行旺衰

所謂五行的「旺衰」，指的是各種五行的能量狀態，以旺、相、休、囚、死來表示。說得簡單明白一點，就是將五行區分成五個能量等級。此能量等級與四時季令有著密不可分的關係。

在春、夏、秋、冬每一個季節中，各有一個五行分別處於旺、相、休、囚、死的狀態。能量等級是從最強的旺順此次序排列到最弱的死。也就是說，在每個季節中，各種五行的強弱都不同。

一年之中，以春季言（寅、卯、辰月），是木最旺的時節，故木旺，火相，水休，金囚，土死。以夏天來說（巳、午、未月），是火最旺的時候，故為火旺，土相，木休，水囚，金死。

以秋季而言（申、酉、戌月），是金當權得令，最旺的時節，故金旺，水相，土休，火囚，木死。再以冬季而論（亥、子、丑月），是水最為旺盛之時，故為水旺，木相，金休，土囚，火死。而五行中的土旺於四季月（辰、未、戌、丑月）的最後十八天。

五行旺衰的五個等級看似不容易記住，在這當中其實甚有秩序，只要理解清楚了，就能馬上記牢。訣竅在於：**當令者旺，當令所生者相，生當令者休，剋當令者為囚，被當令者所剋為死**。記住這個規律，就無須死背。

以春季為例，先確定春季為木旺；則火為當令之木木所生，故為相，水生木，水為生當令者，故為休；金來剋當令之木，故為囚；土被當令之木所剋，受傷最重，故其能量狀態為最低等級的死。

以上是五行旺衰核心概念的詳細說明，但重點是我們要如何運用這些基礎知識，此一「應用性」是易簡在在本書以及網站中一再強調的。唯有將此論述清楚，才能對於想要瞭解易學的朋友，在學習上有所助益，而此正是本書不同於其他相關書籍之處。朋友們不妨比較看看。

就其應用言，**此五行旺衰決定了五行生剋之結果，這是非常重要的關鍵。**

換言之，當我們推算出當事人某一流年要發生車禍，則該次車禍到底是擦撞、花錢消災，還是腿足受傷、被撞斷，甚至是重大傷害，危及性命，其程度就是由此來決定。身體方面疾病的嚴重程度，亦可同理推之。

還是舉例說明比較清楚。以下再以一個辛酉年出生的人之八字實例，讓大家能夠明白我們如何運用這些基本觀念。其八字如下：

辛酉年癸巳月甲申日辛未時

這是一個女性求測人的八字。此日主甲木下坐申金為截腳，受申金之剋制，剋我者為官鬼，官鬼為疾病的符號，申主大腸，因此我斷言她的腸道消化系統不好，時時困擾著她，但是不至於有大礙。

求測人回饋說，老師斷得很準，自有印象以來，腸道消化系統就不好，常常不適，經檢查，醫生告知她有大腸激躁症，但症狀不算太嚴重，無須過分擔心，只要定期追蹤就可以。

在此為何斷言腸道消化系統不佳卻無大礙？關鍵就在於五行之旺衰。此女生於夏季巳月，就五行之旺衰言，為火旺，土相，木休，水囚，金死。則以甲申言，為申金來剋甲木。但就五行旺衰言，則甲木為休，而申金則走死地，申金剋甲木為死金剋休木，損傷程度比較小。但此例如果生於秋季，則五行旺衰為金旺，水相，土休，火囚，木死。則甲申為旺金來剋死木，這時我們就可以斷言她的腸道系統非常地糟，對生活造成極大的困擾與不便。

透過這個實例的解說，易友們必定能夠瞭解五行旺衰的重要性。而且，這一原理不僅可以應用在四柱判斷中，其實包括六爻、梅花易數、奇門遁甲，大六壬……等等數術模式，盡皆適用。運用之綱領，即如上述八字實例之分析。

八 我與世界的關係：六親

所謂的六親，就是以我為核心，透過我與其他五行之間的生剋關係，將其他一切事物歸類成五種關係，加上自己本身，合稱為「六親」。此六親關係，通用於各種數術模式，可以說是各種數術之基礎學說。六親之關係，透過以下的口訣比較容易理解。

口訣：

生我者為父母，我生者為子孫，剋我者為官鬼，我剋者為妻財，比合者為兄弟。

前文已經詳細說明了天干地支的五行屬性，先以天干為例加以說明。在甲、乙、丙、丁、戊、己、庚、辛、壬、癸十天干中，甲、乙屬木；丙、丁屬火；戊、己屬土；庚、辛屬金；壬、癸屬水。

在此，若以戊土為核心、為我來看，則己五行同屬土，是「與我同行者」，因此，己土就是我的兄弟。而丙、丁五行皆屬火，火生土，依據口訣「生我者為父母」，因此，丙火與丁火就是戊土的父母。

庚、辛五行屬金，依據口訣則是「我生者為子孫」，因此，庚金與辛金就是我戊土的子孫。壬、癸五行屬水，依據口訣「我剋者為妻財」，故壬、癸二水就是戊土的妻財。最後，甲、乙五行屬木，依據口訣「剋我者為官鬼」，是故甲、乙二木就是我戊土的官鬼。根據彼此之間的作用，可將六親的生剋關係予以詳列如下：

六親相生：

我（兄弟）生子孫，子孫生妻財，妻財生官鬼，官鬼生父母，父母生我（兄弟）

六親相剋：

我（兄弟）剋妻財，妻財剋父母，父母剋子孫，子孫剋官鬼，官鬼剋我（兄弟）

再以地支為例來說明六親關係。在子、丑、寅、卯、辰、巳、午、未、申、酉、戌、亥十二地支當中，寅、卯五行屬木；辰屬土；巳、午屬火；未屬土；申、酉屬金；戌屬土；亥、子屬水，丑五行屬土。

若以酉金為我、為核心來看，則庚金五行同屬金，就是我的兄弟；而亥與子五行屬水，為金所生，因此我酉金的子孫；寅與卯五行屬木，受金所剋，故為我酉金的妻財；巳、午二火要來剋金，因此是我酉金的官鬼；辰、戌、丑、未四者，五行俱屬土，乃是生我者，因此，就是我酉金的父母。

在奇門遁甲當中，地盤宮位之間，星與星之間、門與門之間，天盤干與天盤干之間，皆可依其生剋作用產生六親關係。在大六壬的數術模式中，則以求測日的日干為核心，與其他各個地支之間的作用，形成六親關係。在八字命理模式中，則將此六親關係再予細分成十神。是故，此一六親關係，乃是通用於各種數術模式之基礎學說。

而在六爻卦當中，是以卦身與其他各爻之間的關係組成六親體系。也就是說在六爻卦的數術模式當中，所謂的六親關係，就是以卦身為核心，透過此卦歸屬何宮為基準，而與其他五行之間的生剋關係，形成六親關係。

以下舉兩個實際的例子予以詳細說明。首先，以上澤下地之萃卦為例，此卦歸屬於兌宮，亦即此卦屬於兌宮卦，在八卦當中，兌卦五行屬金。各爻之判定，一樣依據上述六親關係之口訣。

兌宮：澤地萃

父母丁未土 ▅▅ ▅▅
兄弟丁酉金 ▅▅▅▅▅
子孫丁亥水 ▅▅▅▅▅
妻財乙卯木 ▅▅ ▅▅
官鬼乙巳火 ▅▅ ▅▅
父母乙未土 ▅▅ ▅▅

由於兌卦五行屬金，則初爻未土為生我者，故為父母爻；二爻巳火為剋我者，故為官鬼爻；三爻卯木受金所剋，故為我剋者，因此為妻財爻；四爻亥水為我生者，故佔子孫爻；五爻酉金同屬金，因此是兄弟爻。再以上火下山之旅卦為例來說明。

離宮：火山旅

兄弟己巳火

子孫己未土

妻財己酉金

妻財丙申金

兄弟丙午火

子孫丙辰土

此火山旅卦屬於離宮卦，離卦五行屬火。則初爻辰土與五爻未土同為我生者，故皆為子孫爻；二爻午火與六爻巳火皆為比合者，因此為兄弟爻；三爻申金與四爻酉金，為火所剋，故皆為我剋者，因此，都屬於妻財爻。

除了這兩個例子外，本書中其他相關的六爻卦占卜實例，可以清楚地闡述此一六親關係。有興趣學習的朋友，請多看本書之實例，相信必能對六爻卦的六親關係有一透徹的理解。

九　甲配子，乙配丑：天干地支的排列方法

從殷商的帝王名字當中，即有天乙、太甲來看，干支在中國出現的的時間，必定是非常地久遠。在傳說中，干支系統乃是黃帝命大臣大撓氏所創制的。而天干地支的涵義，早在《史記》、《漢書》中都已有記載。「干」之原意為樹幹；「支」的原意為樹枝。以下即分別予以說明：

干者——即像樹之樹幹。

甲：原意是拆的意思，比喻草木衝破鎧甲而出也。

乙：原意是軋的意思，指草木初生，枝葉柔軟屈曲的象形。

丙：是炳的意思，指萬物炳然著見。言草木逐漸長大立貌。

丁：是強的意思，指草木成長丁實的形態。

戊：是茂的意思，指大地草木枝葉茂盛。
己：即起的意思，指萬物生起，欣欣向榮的樣子。
庚：是更的意思，指時間更替，萬物收斂而結實。
辛：是新的意思，指萬物初新皆收成。氣節變化，萬物凋零。
壬：是妊的意思，指種子妊養潛伏地中孕育新生命。
癸：是揆的意思，指生命培養於地中待時而出。

支者——即像樹之樹枝。

子：是孳的意思，指草木孳萌於地下。
丑：是紐的意思，草木在土中出芽，其狀屈曲。
寅：是演的意思，指屈曲之草木，遇溫和的陽春而伸長地上。
卯：同茆，冒出的意思，萬物滋茂之象，草木冒地而出。
辰：是震、伸的意思，指萬物震動而伸展的樣子。
巳：是已的意思，指萬物已到達成熟的時期。

午：是仵的意思，陽氣已到極盛之時，到了陰陽分界點。
未：是味的意思，指草木果實漸成熟而有滋味。
申：是身的意思，指萬物都已成長之象。
酉：是老的意思，萬物之老也，萬物開始收斂退藏。
戌：是滅的意思，草木凋零，生氣滅絕。
亥：是核的意思，草木種子藏於土中待春。

不論是天干與地支，從其涵義看，都可以發現，它要講述的是萬事萬物在時空中發展的一個歷程。處處體現出易道周流不息的動態發展，展現易學「變易」的哲學內涵。而在為人預測時，唯有掌握時間發展的因素，才能知道事件發展如何從過去演變至現在，也才能知道它自現在發展到未來之趨勢，掌握了時間發展的因素，方能達成易學為人趨吉避凶之效用。

古人創制出天干地支系統，用以記年、記月、記日以及記時。因此，天干地支的運用，擴及於包括奇門、六壬，梅花易數、四柱、紫微、六爻、鐵板神數等所有的術數模式，因此，學習易學必須熟記其法則與內容。

分開來說，則十天干為甲、乙、丙、丁、戊、己、庚、辛、壬、癸；十二地支為子、丑、寅、卯、辰、巳、午、未、申、酉、戌、亥。

其組合方式，完全按照順序進行。天干以甲為首，地支以子為首，所以在天干與地支為組合中，第一組就是甲子，其次是乙丑，再次是丙寅，依序分別是丁卯、戊辰、己巳、庚午、辛未、壬申、癸酉。依次循環組合，到所有干支用完為止。

甲、乙、丙、丁、戊、己、庚、辛、壬、癸、甲、乙、丙、丁、戊、己……

子、丑、寅、卯、辰、巳、午、未、申、酉、戌、亥、子、丑、寅、卯……

干與支的排列方法即按照上述之順序，上下兩兩組合而成，十天干與地支全部組合配對完成一輪，這樣稱之為一旬，由於此旬以甲子為首，因此，稱之為甲子旬。

甲子旬組合完成後，天干接下來又輪迴到甲，而地支則接著下去繼續排列。故接著是甲戌，然後是乙亥，其次是丙子，接著依序分別是丁丑、戊寅、己卯、庚辰、辛巳、壬午、癸未，如此又完成了一旬的排列，因此旬以甲戌為首，故稱之為甲戌旬。

在干支系統的組合中，由於以天干與地支的相互組合，必須歷經六十個循環排列，方能完全配完，所以又稱為六十花甲子。因此，不論是年、月、日、時，都是依此順序循環下去。以時辰言，由於一天有十二個時辰，因此，五天才能完成一循環。以日言，六十天，也就是兩個月，構成一個循環。以月為單位，則六十個月，也就是五年之後，才會再度輪迴到相同干支的月份。

以年來論，則六十年才能將所有干支輪完一次。因此，一個今年壬辰年出生的小孩，到了他六十一歲那年，又會再度碰到壬辰流年。一個人活到六十歲，則在六十年當中，不可避免地，必定會將所有流年的組合走過一遍。

六十花甲子干支排列圖表

甲子旬：甲子乙丑丙寅丁卯戊辰己巳庚午辛未壬申癸酉

甲戌旬：甲戌乙亥丙子丁丑戊寅己卯庚辰辛巳壬午癸未

甲申旬：甲申乙酉丙戌丁亥戊子己丑庚寅辛卯壬辰癸巳

甲午旬：甲午乙未丙申丁酉戊戌己亥庚子辛丑壬寅癸卯

甲辰旬：甲辰乙巳丙午丁未戊申己酉庚戌辛亥壬子癸丑

甲寅旬：甲寅乙卯丙辰丁巳戊午己未庚申辛酉壬戌癸亥

對易學有興趣的朋友們，千萬不要小看這些基本觀念，這些觀念乃是未來學習六爻卦的基礎。未來要深入講解六爻卦當中非常重要的「空亡」理論時，此六十花甲子的天干地支排列，就成為理解的重要環節。

十 人生該往哪走：五行方位與顏色

就五行的顏色言，則黑色、深藍色五行屬水，在十二地支中，亥、子屬水。紅色、粉紅、橙色、紫色，五行屬火，在十二地支中，巳、午屬火。白色、金色、銀色等各種金屬的顏色，其五行屬金，在十二地支當中，申、酉屬金。綠色、青色、木色，五行屬木，十二地支之中，寅、卯屬木。黃色、淺咖啡色五行屬土，在十二地支中，辰、戌、丑、未屬土。

就命理學的角度言，天干與地支各有其對應之方位。就天干言，則甲、乙五行屬木，木主東方。丙、丁五行屬火，火主南方。戊、己五行屬土，土主中央。庚、酉之五行屬金，金主西方。壬、癸五行屬水，水主北方。

結合五行旺衰，則木旺於東方，火旺於南方，金旺於西方，水旺於北方。在風水學上，俗稱的四大神獸，即東方神獸為青龍，五行屬木；南方神獸為朱雀，五行屬火；西方神獸為白虎，五行屬金；北方神獸為玄武，五行屬水。

這也就是我們平時常常聽到的所謂「左青龍，右白虎，前朱雀，後玄武」。此種說法是依據後天八卦方位來看，則左邊即震宮方位；前方屬離宮方位；右邊屬兌宮方位，後方則是坎宮方位。

就地支言，則情形比較複雜。一種方法則是依據五行來定位。則寅、卯五行屬木，主東方。巳、午五行屬火，為南方。申、酉五行屬金，應西方。亥、子五行屬水，主北方。辰、戌、丑、未則為中央之土。

另外一種定位方法，是我們在占卜時比較常採用的方法。即依照後天八卦方位來定位。則子水為坎宮，屬正北方，丑與寅屬艮宮，為東北方向。卯木為震宮，屬正東方，而辰與巳屬巽宮，為東南方向。午火為離宮，屬正南方，未與申則為坤宮，屬西南方向。酉金為兌宮方位，屬正西方，戌與亥屬於乾宮，在方位上為西北方。以上兩種定位方法，在斷卦時必須靈活運用，方能無誤。

六神	艮宮：風山漸 本卦			艮 變卦	
白虎	官鬼辛卯木	━━━━━	應	官鬼丙寅木	━━━━━
騰蛇	父母辛巳火	━━━━━		○→妻財丙子水	━━　━━
勾陳	兄弟辛未土	━━　━━		兄弟丙戌土	━━　━━
朱雀	子孫丙申金	━━━━━	世	子孫丙申金	━━━━━
青龍	父母丙午火	━━　━━		父母丙午火	━━　━━
玄武	兄弟丙辰土	━━　━━		兄弟丙辰土	━━　━━

瞭解了五行的顏色與具體方位之後，在為人斷卦的過程中，就能提取相關的信息，提供求測人有價值的參考意見。以下就是一個透過相關理論為人進行指點的案例。

【案例一】

這是一名姓陳的中年女子問測工作運勢的卦例，女子民國六十八年生，生肖屬羊，工作的地點在新竹市，工作上不太如意，想要問測的內容是，如果要找工作，該往哪個方位去尋找，機會比較好？易簡即依問測時間起六爻卦如下：

國曆起卦時間：2011年5月7日17時48分

農曆：辛卯年四月初五日酉時

辛卯年　癸巳月　壬戌日　己酉時（日空：子丑）

在分析好整個卦之後，我斷言現在這個工作，在與同事相處方面十分融洽，但是，跟上司之間不對盤，常感覺上司處處找妳

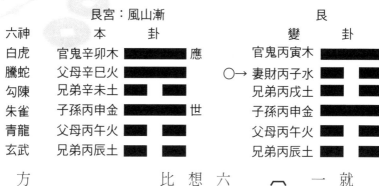

麻煩，讓妳非常不愉快，因此想要換工作，對吧？女子回答說，老師您說得非常對，老闆好像對我有偏見一樣，我感覺他常常看我不順眼，讓我在工作上很心煩，我要找新的工作，整個新竹市那麼大，我該往哪個方向去尋找比較好？

在分析完之後，我告訴陳小姐，現在時機已經到了，應該很快就能找到新的工作，但要往南方，尤其是東南方向去尋找，切忌往北方尋覓新職，必能有更好的發展機會。兩個多星期後，陳小姐打電話給我，她確實在東南方找到新的工作，而且待遇與老闆都比前一個工作更好，非常感謝我給她的指點。

仔細分析此卦，工作要看父母爻，在這個六爻卦當中，五爻父母爻巳火臨動爻來生扶求測人，而巳火五行屬火，火主南方，而後天八卦方位巳在東南方。因此，瞭解天干地支的對應方位，則上述人生該往哪個方向發展的問題，皆可迎刃而解。在六爻卦、大六壬、奇門遁甲的斷卦方面，對於方位的確定，其道理亦同。有興趣的朋友可以多加揣摩，配合本書以及博士命理的各個占例，必能夠有所領悟。

十一 命理健康檢查：身體對應關係

不論八字論命或是易經占卜，疾病預測都是非常重要的內容，常常有人問測。透過八字論命，我們更可以預測出此人一生在某些時段乃至一生容易罹患何種病症，讓人可以預做防範。因此，就我們為人預測而言，實有積極而重要的意義。一般在為人進行命理預測時，可以透過八字理論，透過干支與人體的對應關係，以及喜、忌、用神的作用，針對某人在身體健康的判斷。

然而，在六爻卦的體系當中，一樣可以透過方法，將身體所患之病症予以確定。以下即將此對應關係予以揭示。由於六爻體系比較重地支，因此，地支與身體的對應關係成為判斷的重點。就十二地支的對應關係言，可分為耳體外部與內在臟腑之對應關係。就外部之對應言，以子為耳；丑為胞肚；寅為手；卯為指；辰為肩胸；巳為面、咽、齒；午為眼；未為脊樑；申為經絡；酉為精血；戌為命門、腿、足；亥為頭。

而就內在臟腑之對應言，則以寅為膽；卯為肝；巳為心；午為小腸；辰戌為胃；丑未為脾；申為大腸；酉為肺；亥為腎；子為膀胱。一般而言，測問疾病時，多半以內部臟器為主。以下即以一個六爻卦的實例，來說明相關觀念的具體應用方法。

〔案例一〕

這是一對吳氏夫妻問卦的案例，重點要問先生的身體狀況，男子生於民國三十八年，生肖屬牛。易簡依照兩人的問測時間起六爻卦如下：

國曆起卦時間：2011年5月9日19時48分

農曆：辛卯年四月初七日戌時

辛卯年　癸巳月　甲子日　甲戌時（日空：戌亥）

	艮宮：山澤損			巽宮：山雷頤	
六神	本	卦		變	卦
玄武	官鬼丙寅木	▅▅▅▅▅	應	官鬼丙寅木	▅▅▅▅▅
白虎	妻財丙子水	▅▅　▅▅		妻財丙子水	▅▅　▅▅
螣蛇	兄弟丙戌土	▅▅　▅▅		兄弟丙戌土	▅▅　▅▅
勾蛇	兄弟丁丑土	▅▅　▅▅	世	兄弟庚辰土	▅▅　▅▅
朱雀	官鬼丁卯木	▅▅▅▅▅		○→官鬼庚寅木	▅▅　▅▅
青龍	父母丁巳火	▅▅▅▅▅		妻財庚子水	▅▅▅▅▅

卦起好之後，易簡稍加分析，告訴求測人，你的身體方面，主要是肝膽方面欠佳，尤其是今年開始，特別感覺身體欠佳，就

在剛過完年的春天，常常感覺到疲累感。雖然目前還不算太嚴重，但是要注意多休息、調理。聽完我的斷語，女子回應，老師斷得很準，丈夫確實從今年過完年後，明顯感覺到常常疲累，不知身體出了什麼毛病，去醫院做全身健康檢查，醫生又說沒有什麼具體的病症。後來去中醫院，中醫師把脈後斷言他肝臟不好，必須調理，跟老師您說的內容完全一樣。

接下來我繼續說，還有一個問題，就是你平常喜歡喝酒，喝得還不少，應該盡可能地加以節制，不然對你的肝臟問題會有雪上加霜的效應。聽到我的斷語，做老婆的點頭如搗蒜，回覆說他丈夫平常是喜歡喝酒，而且喝的量確實不少，看來對他的身體是有不好的影響，必須要盡量改掉這個習慣了。

在這個六爻卦中，二爻官鬼卯木臨動爻來剋制命主，而卯木在人體對應的是肝臟，因此，我們可以斷言，這個命主此生肝臟肯定不好，要時時留意，常常檢查。為何要他少喝酒，因為就命理五行生剋角度言，酒的五行屬水，水能生木，增加忌神卯木的力量，使它更有力量來損傷用神。而在這個卦中，確實有五爻妻財臨子水，臨日建來生扶二爻官鬼卯木，為官鬼增加氣數之情形，因此這樣斷言。

附錄：《梅花易數》八卦萬物類象

乾卦：五行屬金

「天時」：天、冰、雹、霰
「地理」：西北方、京都、大郡、形勝之地、高亢之所
「人物」：君、父、大人、老人、老人、長者、宦官、名人、公門人
「人事」：剛健勇武、果決、多動少靜
「身體」：首、骨、肺
「時序」：秋、九十月之交、戌亥年月之時，五金年月日時
「動物」：馬、天鵝、獅子、象
「靜物」：金玉、寶珠、圓物、木果、剛物、冠、鏡
「屋宿」：公廨、樓臺、高堂、大廈、驛宿、西北向之居
「家宅」：秋占宅興隆、夏占有禍、冬占冷落、春占吉利
「婚姻」：貴官之眷、有聲名之家、秋占宜成、冬夏不利

「飲食」：馬肉珍味、多骨、肝肺、乾肉、木果、諸物之首、圓物、辛辣之物
「求名」：有名、宜隨內任、刑官、武職、掌權、天使、驛官、宜向西北之任
「謀旺」：有成、利公門、宜動中有財、夏占不成、冬占多謀少遂
「交易」：宜金、玉珍寶珠貴貨，易成，夏占不利
「求利」：有財、金、玉之利，公門中得財，秋占大利，夏占損財，冬占無財
「出行」：利於出行，宜人京師，利西北之行，夏占不利
「謁見」：利見大人，有德行之人，宜見貴官，可見
「疾病」：頭面之疾，肺疾、筋骨疾、上焦疾、夏占不安
「官訟」：健訟，有貴人助，秋占得勝，夏占失理
「墳墓」：宜向西北，宜乾山氣脈，宜天穴，宜高，秋占出貴，夏占大凶
「方道」：西北
「五色」：大赤色、玄色
「姓字」：帶金旁者，行位一四九

「數目」：一、四、九
「五味」：辛、辣

坤卦：五行屬土

「天時」：陰雲、霧氣、冰霜
「地理」：田野、鄉晨、平地、西南方
「人物」：老母、後母、農夫、鄉人、眾人、老婦人、大腹人
「人事」：吝嗇、柔順、懦弱、眾多、小人
「身體」：腹脾、肉、胃
「時序」：辰戌丑未月、未申年月日時，八五十月日
「靜物」：方物、柔物、布帛、絲綿、五穀、輿斧、瓦器
「動物」：牛、百獸、牝馬
「屋宿」：西南方、村店、男舍、矮屋、土階、倉庫
「家宅」：安穩、多陰氣、春占宅舍不安

「飲食」：牛肉、土中之物、甘味、野味、五穀之味、芋筍之物、腹髒之物

「婚姻」：利於婚姻，宜稅產之家、鄉村之家，或寡婦之家，春占不利

「生產」：易產，春占難產，有損或不利於母，坐宜西南方

「求名」：有名、宜西南方或教官、農官守土之職、春占虛

「交易」：宜利交易、宜田土交易、宜五穀利、賤貨、重物、布帛、靜中有財、春占不利

「求利」：有利，宜土中之利，賤貨重物之利、靜中得財，春占無財，多中取利

「謀旺」：利求謀，鄰里求謀，靜中求謀，春占少遂，或謀於婦人

「出行」：可行、宜西南行、宜往鄉里行、宜陸行，春不宜

「謁見」：可見，利見鄉人，宜見親朋或陰人，春不宜見

「疾病」：腹疾、脾胃之疾、飲食停滯，從而食不化

「官訟」：理順、得眾情、訟當解散

「墳墓」：宜向西南之穴、平陽之地、近田野、宜低葬，春不可葬

「姓字」：帶土姓人、行位八五十
「數目」：八、五、十
「方道」：西南
「五味」：甘
「五色」：黃、黑

震卦：五行屬木

「天時」：雷
「地理」：東方、樹木、鬧市、大途、竹林、草木茂盛之所
「身體」：足、肝、發、聲音
「人物」：長男
「人事」：起動、怒、虛驚、鼓動噪、多動少靜
「時序」：春二月、卯年月日時、四三八月日
「靜物」：木竹、葦、樂器（竹木）、花草繁鮮之物、核

「動物」：龍、蛇、百蟲、馬鳴

「屋舍」：東向之居、山林之處、樓閣

「家宅」：宅中不時有虛驚，春冬吉，秋占不利

「飲食」：啼、肉、山林野味、鮮肉、果酸味、菜蔬、鯉魚

「婚姻」：可、有成、聲名之家、得長男之婚，秋占不利

「求利」：山林竹木之財、動處求財，或山林、竹木茶貨之利

「求名」：有名、宜東方之任、施號發令之職、掌刑獄之官、竹茶木稅課之任、或鬧市市貨之職

「生產」：虛驚、胎動不安、頭胎必生男，坐宜向東，秋不吉

「疾病」：足疾、肝經之疾、驚恐不安

「謀旺」：可旺、可求，宜動中謀，秋占不遂

「交易」：利於成交，秋占難成，動而可成，山林、木竹茶貨之利

「官訟」：健訟、有虛驚、行移取甚反覆

「謁見」：可見、在宜山林之人，利見宜有聲名之人
「出行」：宜行，利東方、利山林之人，秋占不宜行、但恐虛驚
「墳墓」：利於東向、山林中穴，秋不利
「姓字」：帶木姓人、行位四八三
「數目」：四、八、三
「方道」：東
「五味」：甘、酸味
「五色」：黑青、綠碧

巽卦：五行屬木

「天時」：風
「地理」：東南方之地、草木茂秀之所、花果菜園
「人物」：長女、秀士、寡婦之人、山林仙道之人、僧道
「人事」：柔和、不定、鼓舞、利市三倍、進退不果

「身體」：肱、股、氣、風疾

「時序」：春夏之交、二五八之時月日、三月、辰巳月日時、四月

「靜物」：木香、繩、直物、長物、竹木、工巧之器、臭、雞毛、帆、扇、臼

「動物」：雞、百禽、山林中之禽、蟲、蛇

「屋舍」：東南向之居、寺觀樓臺、山林之居

「家宅」：安穩利市，春占吉，秋占不安

「飲食」：雞肉、山林之味、蔬果酸味

「婚姻」：可成、宜長女之婚，秋占不利

「生產」：易生、頭胎產女、秋占損胎、宜向東南坐

「求名」：有名、宜文職有風憲之力、宜為風憲、宜茶果竹木稅貨之職、宜東南之任

「求利」：有利三倍、宜山之利、竹貨木貨之利，秋不利

「交易」：可成、進退不一、交易之利、山林交易、山林木茶之利

「謀旺」：可謀旺、有財可成，秋占多謀少遂

「出行」：可行，有出入之利，宜向東南行，秋占不利
「謁見」：可見，利見山林之人，利見文人秀士
「疾病」：股肱之疾、風疾、腸疾、中風、寒邪氣疾
「姓字」：草木旁姓氏、行位五三八
「官訟」：宜和、恐遭風憲之責
「墳墓」：宜東方向、山林之穴、多樹木、秋占不利
「數目」：五、三、八
「方道」：東南
「五味」：酸味
「五色」：青綠、碧潔白

坎卦：五行屬水

「天時」：月、雨、雪、露、霜、水
「地理」：北方、江湖、溪澗、泉井、卑濕之地、溝瀆、池沼、有水之處

「人物」：中男、江湖之人、舟人、盜賊、匪

「人事」：險陷卑下，外示以柔，內序以利，漂泊不成，隨波逐流

「身體」：耳、血、腎

「時序」：冬十一月、子年月日、一、六月日

「靜物」：水帶子、帶核之物，弓輪、矮柔之物，酒器、水具、工棟、叢棘、藜、桎梏、鹽、酒

「動物」：豬、魚、水中之物、狐、水族

「屋舍」：向北之居、近水、水閣、江樓、花酒長器、宅中混地之處

「飲食」：豬肉、酒、冷味、海味、湯、酸味、宿食、魚、帶血、掩藏、有帶核之物、水中之物、多骨之物

「家宅」：不安、暗昧、防盜匪

「婚姻」：利中男之婚，宜北方之婚，不利成婚，不可在辰戌丑未月婚

「生產」：難產有險，宜次胎，男，中男，辰戌丑未月有損，宜北向

「求名」：艱難，恐有災險，宜北方之任，魚鹽河泊之職，酒兼醋

「求利」：有財防失，宜水邊財，恐有失險，宜魚鹽酒貨之利，防遺失，防盜

「交易」：不利成交，恐防失陷，宜水邊交易，宜魚鹽貨，酒之交易，或點水人之交易

「謀旺」：不宜謀旺，不能成就、秋冬占可謀

「出行」：不宜遠行，宜涉舟，宜北方之行，防盜匪；恐遇險阻溺之事

「謁見」：難見，宜見江湖之人，或有水旁姓氏之人

「疾病」：耳痛、心疾、感染、腎疾、胃冷、水瀉、涸冷之疾、血病

「官訟」：有陰險，有失因訟，失陷

「墳墓」：宜北向之穴、近水傍之墓、不利葬

「姓字」：點水旁之姓氏

「數目」：一、六

「方道」：北方

「五味」：鹹、酸

「五色」：黑

離卦：五行屬火

「天時」：日、電、虹、霓、霞

「地理」：南方、乾亢之地，窰、爐冶之所，剛燥厥地，其地面陽

「人物」：中女、文人、大腹、目疾人、甲胄之士

「人事」：文化之所，聰明才學，相見虛心，書事，美麗

「身體」：目、心、上焦

「時序」：夏五月，午火年月日時，三二七日

「靜物」：火、書、文、甲骨、干戈、槁衣、乾燥之物

「動物」：雉、龜、鼈、蚌、蟹

「屋舍」：南舍之居，陽明之宅、明窗、虛室

「家宅」：安穩、平善、冬占不安，克體主火災

「飲食」：雉肉、煎炒、燒炙之物、乾脯之體、熟肉
「婚姻」：不成、利中女之婚，夏占可成，冬占不利
「生產」：易生，產中女，冬佔有損，坐宜向南
「求名」：有名，宜南方之職，文官之任，宜爐冶亢場之職
「求利」：有財宜南方求，有文書之財，冬占有失
「交易」：可成，宜有文書之交易
「出行」：可行，宜動向南方，就文書之行，冬占不宜行，不宜行舟
「謁見」：可見南方人，冬占不順，秋見文書考案才士
「官訟」：易散，文書動，詞訟明辨
「疾病」：目疾、心疾、上焦病，夏占伏暑，時疫
「墳墓」：南向之幕，無樹林之年，陽穴。夏占出文人，冬不利
「姓字」：帶次或立人旁士姓氏，行位三二七
「數目」：三、二、七

「方道」：南

「五色」：赤、紫、紅

「五味」：苦

艮卦：五行屬土

「天時」：雲、霧、山嵐

「地理」：山徑路近山城，丘陵、墳墓，東北方，門闕

「人物」：少男、閒人、山中人、童子

「人事」：阻隔、守靜，進退不決，反背，止住，不見

「身體」：手指、骨、鼻、背

「時序」：冬春之月、十三月丑寅年月日時，七五十月日、土年月日時

「靜物」：土石、瓜果、黃物、土中之物、閻寺、木生之物、藤生之瓜

「動物」：虎、狗、鼠、百獸、黔啄之物、狐

「家宅」：安穩，諸事有阻，家人不睦，春占不安

「屋舍」：東北方之居，山居近石，近路之宅

「飲食」：土中物味，諸獸之肉，墓畔竹筍之屬；野味

「婚姻」：阻隔難成，成亦遲，利少男之婚，宜對鄉里婚，春占不利

「求名」：阻隔無名，宜東北方之任，宜土官山城之職。

「生產」：難生，有險阻之厄，宜向東北，春占有損

「交易」：難成，有山林田土之交易，春占有失

「出行」：不宜遠行，有阻，宜近陸行

「謁見」：不可見，有阻，宜見山林之人

「疾病」：手指之疾，胃脾之疾

「官訟」：貴人阻滯，官訟未解，牽連不決

「墳墓」：東北之穴，山中之穴，近路旁有石，春占不利

「數目」：五、七、十

「方道」：東北方

「五色」：黃
「五味」：甘

兌卦：五行屬金

「天時」：雨澤、新月、星
「地理」：澤、水際、缺池、廢井，山崩破裂之地，其地為剛鹵
「人物」：少女、妾、歌妓、伶人、譯人、巫師、奴僕婢
「人事」：喜悅、口舌讒毀、謗說、飲食
「身體」：舌、口喉、肺、痰、涎
「時序」：秋八月，酉年月日時，金年月日，二四九月日
「靜物」：金刀、金類、樂器、廢物、缺器之物，帶口之物，毀折之物
「動物」：羊、澤中之物
「屋舍」：西向之居，近澤之居，敗牆壁宅，戶有損
「家宅」：不安，防口舌，秋占喜悅，夏占家宅有禍

「飲食」：羊肉、澤中之物、宿味、辛辣之物味
「婚姻」：不成，秋占可成，有喜，主成婚之吉，利婚少女，夏占不利
「生產」：不利，恐有損胎或則生女，夏占不利，宜坐向西
「求名」：難成，因名有損，利西之任，宜刑官，武職，伶官，譯官
「求利」：無利有損，財利主口舌，秋占有財喜，夏占不利
「出行」：不宜遠行，防口舌，或損失，宜西行，秋占有利宜行
「交易」：難有利，防口舌，有競爭，秋占有交易之財，夏占不利
「謁見」：利行西方，見有咒詛
「疾病」：口舌、咽喉之疾，氣逆喘疾，飲食不餐
「墳墓」：宜西向，防穴中有水，近澤之墓，或葬廢穴，夏占不宜
「官訟」：爭訟不已，曲直未決，因訟有損，防刑，秋占為體得理勝訟
「姓字」：帶口帶金字旁姓氏，行位四二九
「數目」：四、二、九

「方道」：西方

「五色」：白

「五味」：辛辣

參・求卦方程式

一 文人卦：大衍數占法

大衍之數的占卜方法，相較而言，比較繁複難學，但請對於占卜有興趣的朋友們，耐心地看完本文，並依序多操作幾次，易簡相信，每位朋友最終都能夠經由此篇文章，輕鬆地學會《易經》所記載的占卜方法。

大衍之數的占卜方法，也就是揲蓍成卦之法，是最古老的周易占卜方法，此法乃是通過蓍草的擺弄籌算而得出卦象之法。揲蓍成卦法的理論是根據《易經．繫辭上傳》第九章之內容而來。後來朱熹在其《周易本義》一書中，更有〈筮儀〉一篇（請參見附錄），詳細闡述卜筮過程，包括要如何設置卜筮之場地，事前要洗手焚香致敬的過程，描述得鉅細靡遺。

《易經・繫辭上傳》第九章

天一地二，天三地四，天五地六，天七地八，天九地十。天數五，地數五，五位相得而各有合。天數二十有五，地數三十，凡天地之數，五十有五，此所以成變化而行鬼神也。

大衍之數五十，其用四十有九。分而為二以象兩，掛一以象三，揲之以四以象四時，歸奇於扐以象閏，故再扐而后掛。

乾之策，二百一十有六。坤之策，百四十有四。凡三百有六十，當期之日。二篇之策，萬有一千五百二十，當萬物之數也。

是故，四營而成易，十有八變而成卦，八卦而小成。引而伸之，觸類而長之，天下之能事畢矣。

顯道神德行，是故可與酬酢，可與佑神矣。子曰：「知變化之道者，其知神之所為乎！」

上文《易經・繫辭上傳》第九章的部分，是對揲蓍筮成卦法之具體描述。以下將其步驟，依照次序，做一完整的說明。

壹、準備與說明

首先，要先準備五十根蓍草。蓍草取得不易，可以竹籤、棋子、葵瓜子等東西取代，不必過分拘泥，占卜強調心誠則靈，器具之影響相對而言並不重要。卜筮時在心中凝神默想所要問卜之事。

卜筮之前，預先取出一根蓍草置於上方而不用，只用其中的四十九根。不用之一代表太極。不用之一為「體」，四十九根蓍草為「用」，二者之間，乃是體與用之關係。

貳、揲蓍成卦：最主要的步驟有分二、掛一、揲四、歸奇四大步驟

1、將四十九根蓍草，隨意分為兩部分，這個步驟稱為「分二」

2、自其中一部分取出一根夾於指間，這個步驟稱之為「掛一」

3、把剩下的蓍草四根一數，這個過程稱之為「揲四」

4、把每一部分所剩下的蓍草放在一塊兒，這個步驟稱之為「歸奇」

卜筮進行至此，透過「分二」、「掛一」、「揲四」、「歸奇」四大步驟，即所謂的「四營」，才完成了所謂的「一變」。

在完成「一變」之後，要把在一變過程中挂一和歸奇的蓍草取出不用，將所剩的四十或四十四根蓍草，接著完全重複前面的四個步驟，這程序就稱之為「二變」；完成二變後，剩下的蓍草應該是四十、三十六、三十二根三種情形；然而按照相同的四個步驟再演示一次，這就是所謂的「三變」。

經歷這整個三變的步驟，所剩下的蓍草只能出現以下四種情形，二十四、二十八、三十二、三十六根。最後以四除之，就得到了六、七、八、九四種結果。得到這最後的結果，就可以進行畫卦的程序了。每三變畫一爻，故謂「十有八變而成卦」。

參、畫卦方法

在六、七、八、九這四種結果中，單數為陽數，在畫卦時，即畫成陽爻；雙數為陰數，在畫卦時，就要畫成陰爻。陽主進，九為陽數之極，故為老陽，七則為少陽；陰主退，故八為少陰，六則為老陰。可以直接在爻的旁邊記上七或九，此法最為方便。如下所示。

老陽 ▅▅▅▅▅▅ 9

少陽 ▅▅▅▅▅▅ 7

老陰 ▅▅　▅▅ 6

少陰 ▅▅　▅▅ 8

在畫卦時，宜注意的是，必須從最底下開始畫起，依序而上，次序不能顛倒。由下而上排列，其順序為初爻、二爻、三爻、四爻、五爻，上爻。「初」是時間的概念；「上」是空間的概念，綜合言之，六爻卦就是一個統合時空的信息展示系統。由下而上，底下的三爻合成一卦，稱之為下卦或內卦；上方的三爻亦合成一卦，此稱之為上卦或外卦。

所謂的「少」，指的是事物尚難進行發展中，而所謂的「老」，則意指事物已經發展到盡頭了，到了盡頭，就會產生轉變，此乃周易的思想核心，亦即「變易」。因此在老陰、少陰、老陽、少陽四種情形中，要掌握「老變少不變」的原則。

在揲蓍成卦法中，這所謂的「變」，即變爻，也就是所謂的動爻了。由十有八變所求得之卦稱之為「本卦」；而由動爻轉變之後所求得的卦則稱之為「變卦」。以下即一以實例來說明卦的變化，讓大家都能清楚瞭解。

	歸妹		噬嗑	
	北卦		變卦	
上爻	— —	6*	———	
五爻	— —	8	— —	上卦：外卦
四爻	———	7	———	
三爻	— —	8	— —	
二爻	———	9*	— —	下卦：內卦
初爻	———	7	———	

透過揲蓍成卦的步驟，卜得本卦如上所示，此一本卦的上卦為震卦，下卦為兌卦，震為雷，兌為澤，故所得之卦為雷澤「歸妹」。根據「老變少不變」的原則，本卦共有上爻老陰以及二爻老陽為動爻，必須變爻，上爻必須從老陰變為少陽；而二爻則必須從老陽變為少陰。

經過了變爻的轉變，所得之變卦如右，其上卦為離卦，下卦為震卦，就八卦取象言，離為火，震為雷，故所得之變卦即為火雷「噬嗑」。至此，整個占卜成卦的過程方稱完備。接下來，就可以根據所得之卦來斷事了。希望有興趣的朋友們，馬上準備卜筮工具，隨

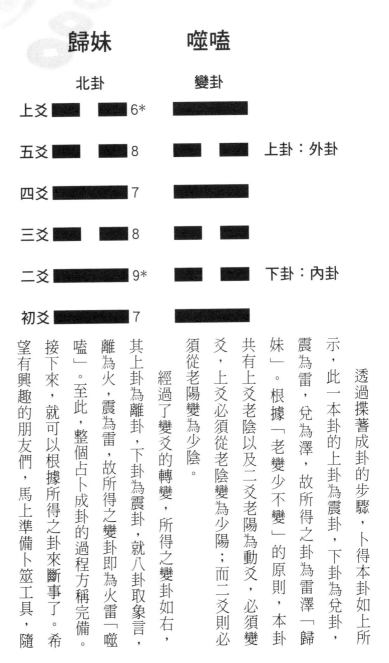

著以上的綱領，按部就班，並且多演練幾次，保證一定能夠完全學會占卜之術。

附錄：筮儀

在上一篇占卜教學之大衍篇當中，易簡已經詳細地演示了揲蓍成卦法的占卜理論，並提及朱熹在其《周易本義》一書中，撰有〈筮儀〉一篇，將卜筮過程描述得鉅細靡遺。以下附上此文，讓有興趣的讀者們，可以據此瞭解整個揲蓍求卦的過程

〈筮儀〉全文

擇地潔處為蓍室，南戶置床室中央。

床大約長五尺，廣三尺，勿太近壁。

蓍五十莖，韜以纁帛，貯以皂囊，納之櫝中，置於床北。

櫝以竹筒或堅木或布漆為之，圓徑三寸，且其長如蓍草之長。半為底，半為蓋，下別為台函之，使不偃仆。

設木格於櫝南，居床二分之北。

格以橫木板為之，高一尺，長竟床，當中為兩大刻，相距一尺。大刻之西為三小刻，相距各五寸許，下施橫足，側立案上。

置香爐一於格南，香合一於爐南，日炷香致敬。將筮，則灑掃拂拭，滌硯一注水，及筆一，墨一，黃漆板一，於爐東，東上。筮者齊潔衣冠北面，盥手焚香致敬。齊，側皆反。

筮者北面，見《儀禮》。若使人筮，則主人焚香畢，少退，北面立，筮者進立於床前少西，南向受命。主人直述所占之事，筮者許諾，主人右還西向立，筮者右還北向立。

兩手奉櫝蓋，置於格南爐北，出蓍於櫝，去囊解韜，置於櫝東。合五十策，兩手執之，薰於爐上。

此後所用蓍策之數，其說並見《啟蒙》。

命之曰：「假爾泰筮有常，假爾泰筮有常，某官姓名，今以某事云云，未知可否。爰質所疑於神於靈，吉凶得失，悔吝憂虞，惟爾有神，尚明告之。」乃以右手取一策，反於櫝中，而以左右手中分四十九策，置格之左右兩大刻。

此第一營，所謂分而為二以象兩者也。

次以左手取左大刻之策執之，而以在手取在大刻之一策，掛於左手之小指間。

此第二營，近謂掛一以象三者也。

次以右手四揲左手之策。 **揲，食列反。**

此第三營之半，所謂之以四以象四時者也。

次歸其所餘之策，或一、或二、或三、或四，而扐之左手無名指間。

此第四營之半，所謂歸奇於扐以象閏者也。

次以右手反過揲之策於左大刻，遂取右大刻之策執之，而以左手四揲之。

此第三營之半。

次歸其所餘之策如前，而扐之左手中指之間。

此第四營之半，所謂再扐以象再閏者也。一變所餘之策，左一則右必三，左二則右亦二，左三則右必一，左四則右亦四。通掛一之策，不五則九。五以一其四而為奇，九以兩其四而為耦，奇者三而耦者一也。

次以右手反過揲之策於右大刻，而合左手一掛二扐之策，置於格上第一小刻。

以東為上，後放此。

是為一變，再以兩手取左右大刻之蓍合之。

或四十四策或四十策。

復四營如第一變之儀，而置其掛扐之策於格上第二小刻，是為二變。復，扶又反。營，於平反，下同。

二變所餘之策，左一則在必二，左二則右必一，左三則右必四，左四則右必三。通掛一之策，不四則八。四以一其四而為奇，八以兩其四而為耦，奇耦各得四之二焉。

又再取左右大刻之蓍合之。

或四十策，或三十六策，或三十二策。

復四營如第二變之儀，而置其掛扐之策於格上第三小刻，是為三變。

三變餘策，與二變同。

三變既畢，乃視其三變所得掛扐過揲之策，而畫其爻於版。

掛扐之數，五四為奇，九八為耦。掛扐三奇合十三策，則過揲三十六策而為老陽，其畫為「囗」，所謂重也。掛扐兩奇一耦合十七策，則過揲三十二策而為少陰，其畫為「⚋」，所謂拆也。掛扐兩耦一奇，合二十一策，則過揲二十八策而為少陽，其畫為「—」，所謂單也。掛扐三耦合二十五策，則過揲二十四策而為老陰，其畫為「×」，所謂交也。

如是每三變而成爻。

第一，第四，第七，第十，第十三，第十六，凡六變並同，但第三變以下不命，而但用四十九蓍耳。第二，第五，第八，第十一，第十四，第十七，凡六變亦同。第三，第六，第九，第十二，第十五，第十八，凡六變亦同。

凡十有八變而成卦，乃考其卦之變，而占其事之吉凶。

卦變別有圖，說見《啟蒙》。

禮畢，韜蓍襲之以囊，入櫝加蓋，收筆硯墨版，再焚香致敬而退。

如使人筮則主人焚香，揖筮者而退。

二 術士卦：金錢卦占法

前文已經詳細地介紹過揲蓍成卦的占卜方法。此種由易經所記載的方法，運用起來比較耗時繁瑣，又要準備五十根蓍草或棋子，比較不方便。於是後來的人在揲蓍成卦的基礎上予以改進，以擲錢的方式來進行占卜，如此一來，就能免除上述耗時繁瑣的弊端。

壹、準備與說明

在占卜前要先準備三枚完全相同的銅錢，一般而言，建議使用刻有「乾隆通寶」字樣的銅錢。因為可以直接以其正面的「乾」字來代替陽；反面代表陰。正反兩面即代表陰陽兩儀，其易理在於乾為天，為陽。

另外，可以準備一個龜殼、竹筒等工具做為搖卦之用。使用上，是將三枚銅錢放入龜殼中予以搖晃，然後將三枚銅錢擲於桌子上，以三枚銅錢所呈現的正反面來確定陰陽。

當然，如果真的找不到龜殼或竹筒，亦可將銅錢直接放在手中搖晃後擲出，無須拘泥於工具。另外，在占卜的過程中，要求占卜之人心思澄清，精神凝聚，並將所占之事默念於心中，或是直接說出聲音來。

貳、擲錢成卦：

將三枚銅錢擲出後，根據正反兩面的組合，將出現以下四種情形：

1、三枚銅錢皆正面，都是乾字那面向上，這是老陽，以9記之

2、有兩枚正面乾字向上，一枚反面向上，這是少陰，以8記之

3、有一枚正面乾字的上，其餘兩枚反面，這是少陽，以7記之

4、三枚銅錢皆反面向上，這是老陰，以6記之

參、畫卦方法

在畫卦時，宜注意的是，必須從最底下開始畫起，依序而上，次序不能顛倒。由下而上排列，其順序為初爻、二爻、三爻、四爻、五爻，上爻。與揲蓍成卦法一樣，在老陰、少陰、老陽、少陽四種情形中，要掌握「老變少不變」的原則。所謂的「老」，則意指事

物已經發展到盡頭了，到了盡頭，就會產生轉變，或由老陽而變為少陰；或由老陰而變為少陽。

舉例來說，以╳代表反面，以〇代表乾字正面。初爻為〇〇╳少陰8；二爻為〇╳╳少陽7；三爻為〇〇╳少陰8；四爻為〇╳╳少陽7；五爻為╳╳╳老陰6；六爻為〇〇〇老陽9。畫卦如下：

希望有興趣的朋友們，請立刻準備銅錢，隨著以上的綱領，按部就班，並且多演練幾次，保證一定能夠完全學會金錢卦占卜之術。

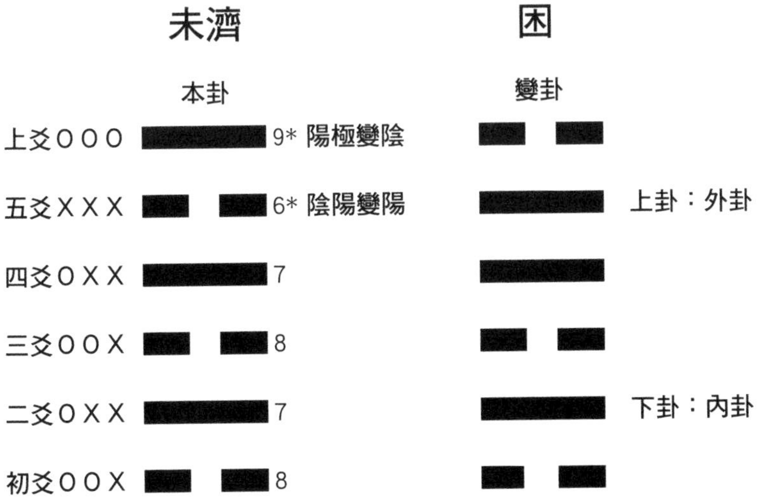

三 高階占法：時空起卦法

以時空起卦之方法，來自於宋朝邵雍《梅花易數》一書。在此書中，記載了許許多多起卦之法，有以事物的尺寸取數以成卦之法，有以事物所據方位起卦之法，有以可數事物得到卦象的方法，有以聲音起卦的方法等等。除此之外，還有一種易簡所採用的方法，那就是根據當時的時空條件來起卦的方法。

對於如何透過時空條件來起卦，《梅花易數》云：「年、月、日為上卦，年、月、日、加時總數為下卦。又以年、月、日、時總數取爻。如子年一數，丑年二數，直至亥年十二數。月如正月一數，直至十二月亦作十二數。日如初一，一數，直至三十日為三十數。以上年、月、日共計幾數，以八除之，以零數做上卦，時如子時一數直至亥時十二數，就將年、月、日數加時之數，總計幾數，以八除之，零數做下卦，以六除之，做動爻。」

《梅花易數》上述一段文字，簡而言之，就是將時間的條件，也就是年、月、日、時四個條件，都轉化成數字，再以數字來取卦之方法。

但仔細審視上述文字，在其如何取數上，實有兩種不同的方法。一種為地支數的取數法，也就是按照十二地支原本的排列，亦即子、丑、寅、卯、辰、巳、午、未、申、酉、戌、亥之順序來取數，完全不必考慮天干的條件，地支為子，則取一數，地支為丑則取二數，地支為午，則取七數，地支為戌，取數十一，地支為亥，取數十二，依此類推。在年、月、日、時四個條件當中，年份與時辰的取數方法，即屬此種地支取數之法。

另外一種取數方法，則是直接以農民曆上的數字來取數。正月就取一數，六月就取六數，十二月即取數十二，以此類推。而起卦當時為農曆某月初三，日期數字就取三，如為農曆二十八日，就取二十八為數，以此類推。而在年、月、日、時四個條件當中，月份與日期的取數方式，即採用此種方法。

將年、月、日、時之條件轉化為數字之後，接著就要以數取卦了。對於如何以數字來求取卦象，根據上述文字所言，乃是將年、月、日三組條件的數字相加，再將相加的結果以八除之，最後，再以相除之後所得之餘數做為上卦。對此，《梅花易數》解釋云：「卦以八除，凡起卦不問數多少即以八做卦；數超過八數即以八數除之，以餘數做上卦。如一八除不盡，再除二八、三八，直至除盡八數，以零數做卦，如得八整除，即坤卦，便不必除也。」

但在此必須加以說明的是，所謂的卦數，用的是先天八卦之數，即乾一，兌二，離三，震四，巽五，坎六，艮七，坤八。因此，若將年、月、日之數相加，以八除之，所得餘數是一，則上卦即為乾卦；若所得餘數為五，則上卦即為巽卦，以此類推。如果相除之後整除，也就是餘數為零的情形，零就是八，因此，所得到的上卦就是坤卦。

得到上卦之後，接著要求下卦。求取下卦的方法與上卦相同，即以年、月、日三項條件，再加上時辰這一條件之後，所得到的總數，一樣以八除之，以其所得之餘數，依先天八卦之數取卦。如餘數是三，則為離卦；餘數為七，則為艮卦等等。

取得上卦與下卦之後，就得到了完整的一卦，此即為主卦，接著就要進一步求取動爻。動爻的取法，乃是以上述之年、月、日、時所相加而得的總和，以六除之，以其所得之餘數做為動爻。若餘數為一，即以初爻為動爻；若餘數為三，則以三爻為動爻；如果餘數是六，則以上爻為動爻。對此，《梅花易數》闡述云：「爻以六除，凡取動爻，以重卦總數除六，以零數做動爻。如不滿六，則用次數為動爻，不必再除。如過六數，則除之，一六不盡，再除二六，三六，直至除盡，以零數做動爻。若一爻動，則看此一爻之陰陽，是陽爻則變陰爻，是陰爻則變陽爻。取爻當以時加之。」

以此方法，所得之動爻必定只有一爻，從而避免了卜卦完成後，有時一爻或二爻變動，有時三爻動，有時甚至五爻、六爻皆動，以及亦有六爻皆不變的混亂情形。以此方式起卦，只有一個動爻，因此，可以使人在斷卦時，有一清楚的綱領可循。主卦取得動爻後，一樣必須變爻，也就是陽爻要變為陰爻，陰爻要變成陽爻，以此取得變卦。另外要說明的是，當動爻為陽爻時，一般記作「O」；而當動爻為陰爻時，則通常記作「X」。以下即透過三個實際的例子，來說明如何以時空條件起卦。

〔實例一〕

民國一百年，國曆八月六日早上九點四十五分。若在某地有人問卦，則以此時間條件來起卦。

（1）排四值。

依據待測的時間，將年、月、日、時的干支排列出來：

辛卯年　乙未月癸巳日丁巳時

（2）排出數字。

將時間轉化為具體數字，經查萬年曆，2011年8月6日為農曆的七月七日，九點四十五分為巳時。年支與時支依據地支之數，故分別為4與6；而月份與日期則依據農曆之數字，二者皆為7。因此，其數字如下所示：

辛卯年	乙未月	癸巳日	丁巳時
4	7	7	6

（3）求上卦。

方法是將年、月、日之數相加之後除八，以餘數得出上卦。

（4＋7＋7）÷8=2……2

依先天八卦數言，餘數為二，二即是兌卦。故上卦為兌卦。

（4）求下卦。

將年、月、日、時之數相加之後除以八，以此餘數做為下卦。

（4＋7＋7＋6）÷8=3……0

依先天八卦數言，餘數為零，零即是八，八為坤卦。故下卦是坤卦。

（5）求動爻。

將年、月、日、時之數相加之後，以六除之，將其餘數取為動爻。

（4＋7＋7＋6）÷6=4……0

計算結果，餘數為零，以動爻言，零即是餘六，故此卦是以上爻為動爻。根據這樣的計算，則得出本卦，或亦稱為主卦為澤地萃卦，上爻為動爻，則得出變卦為天地否卦。依其問測時間，起六爻卦如下：

國曆起卦時間：2011年8月6日9時45分

農曆：辛卯年七月初七日巳時

干支：辛卯年　乙未月　癸巳日　丁巳時

天地否

變卦

澤地萃

本卦

〔實例二〕

民國一〇一年，國曆十月十三日早上九點二十八分。若在某地有人問卦，則以此時間條件來起卦。

（1）排四值。

依據待測的時間，將年、月、日、時的干支排列出來如下：

壬辰年　庚戌月丁未日乙巳時

（2）排出數字。

將時間轉化為具體數字，經查萬年曆，2011年10月13日為農曆的八月二十八日，九點四十五分為巳時。年支與時支依據地支之數，故分別為4與6；而月份與日期則依據農曆之數字，兩者分別為8與28。因此，其數字如下所示：

壬辰年	庚戌月	丁未日	乙巳時
5	8	28	6

（3）求上卦。

方法是將年、月、日之數相加之後除八，以餘數得出上卦。

（5＋8＋28）÷8=5……1

依先天八卦數言，餘數為一，故上卦為乾卦。

（4）求下卦。

將年、月、日、時之數相加之後除以八，以此餘數做為下卦。

（5＋8＋28＋6）÷8=5……7

依先天八卦數言，餘數為七，故下為艮卦。

（5）求動爻。

將年、月、日、時之數相加之後，以六除之，將其餘數取為動爻。

（5＋8＋28＋6）÷6=7……5

計算結果，餘數為五，故此卦是以五爻為動爻。透過上述步驟，則得出主卦為天山遯卦，以五為動爻，則得出變卦為天山旅卦。依其問測時間，起六爻卦如下：

國曆起卦時間：2012年10月13日9時28分

農曆：壬辰年八月二十八日巳時

干支：壬辰年　庚戌月　丁未日　乙巳時

火山旅　　天山遯(歸魂)

變卦　　本卦

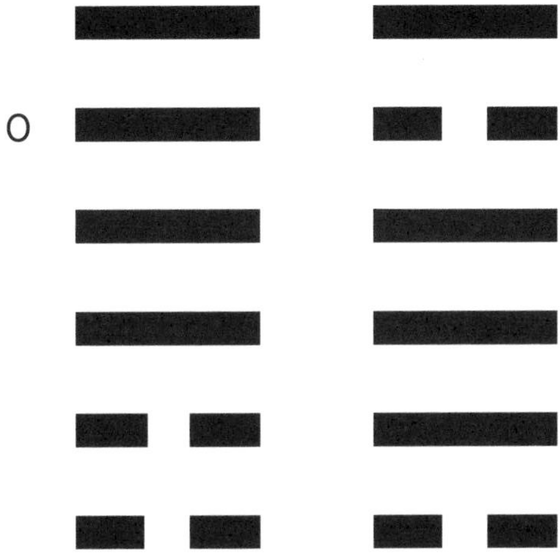

〔實例三〕

民國一〇二年，國曆一月五日早上十點四十二分。若在某地有人問卦，則以此時間條件來起卦。

（1）排四值。

依據待測的時間，將年、月、日、時的干支排列出來如下。要提醒讀書的是，雖然時間上已經是2013年，但此時還未至立春，因此，仍然是壬辰年，而非癸巳年，這點要特別注意。

壬辰年壬子月辛未日癸巳時

（2）排出數字。

查萬年曆，則2013年1月5日為農曆的十一月二十四日，早上十點四十二分為巳時。年支與時支依據地支之數，故分別為5與6；而月份與日期則依據農曆之數字，二者分別是11與24。其數字標示如下所示：

壬辰年	壬子月	辛未日	乙巳時
5	11	24	6

（3）求上卦。

方法是將年、月、日之數相加之後除八，以餘數得出上卦。

（5＋11＋24）÷8=5……0

依先天八卦數言，餘數為八，故上卦為坤卦。

（4）求下卦。

將年、月、日、時之數相加之後除以八，以此餘數做為下卦。

（5＋11＋24＋6）÷8=5……6

依先天八卦數言，餘數為六，故下卦為坎卦。

（5）求動爻。

將年、月、日、時之數相加之後，以六除之，將其餘數取為動爻。

（5＋8＋28＋6）÷6=7……4

計算結果，餘數為四，故此卦是以四爻為動爻。

依據這些程序，得出主卦為地水師卦，四爻為動爻，則得出變卦為雷水解卦。依其問測時間，起六爻卦如下：

國曆起卦時間：2013年1月5日10時42分

農曆：壬辰年十一月二十四日巳時

壬辰年　壬子月　辛未日　癸巳時

雷水解

變卦

地水師

本卦

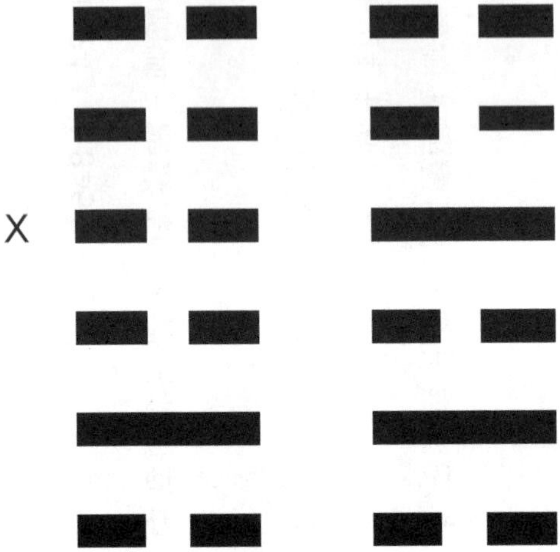

只要讀者們熟讀上述的方法說明，再加上易簡所舉的三個實際例子，必定能夠對於如何透過時空起卦的方法，有所掌握。此一起卦方法，源自於《梅花易數》，因此，有了卦象之後，就可以根據體用之間的生剋制化關係，判斷事情的吉凶禍福了。不僅如此，而此一時空起卦方式，只要安上諸如世應、地支、六神等等的系統，就成了以時空起卦的六爻卦體系，在判斷上就更加細緻了。而在瞭解了起卦方法之後，接下來就要介紹六爻卦的相關知識了。

肆・進階大補丸

一 我與你：世應推衍

在梅花易數中，有所謂的「體」卦與「用」卦之關係，而在六爻卦當中，亦有類似的區分，即所謂的「世」與「應」。在古代的六爻卦體系當中，「世」與「應」可以代表主體與客體、我方與對方、求測之人與所測之事。

「世」與「應」之間的對應，亦有其法則。簡而言之，兩者之間必定隔著兩爻。如果世爻居於二爻，則應爻必居於五爻；設若世爻在第四爻，則應爻必定在第一爻，其他情形，概依此理類推。

前面已經將六十四卦所屬何宮問題解釋清楚，雖然在不少六爻書籍上，為了方便易友們查找，會將六十四卦各自所屬何宮，直接以圖表方式呈現。然而，如果在六爻卦的學習上想要更上一層樓，必須學會如何透過所得之卦，自行推衍出所屬何宮之方法。而推衍之法則，即依世應之說而來。首先，我們必須先瞭解，古人將八卦之三爻，依三才之理，將最上面之爻稱為天爻，中間之爻稱為人爻，最下之爻稱之為地爻。人居於天、地之間，一個八卦即涵攝了天、人、地之理。以下即以一實例來說明此一區分：

〔實例一〕

水澤節卦

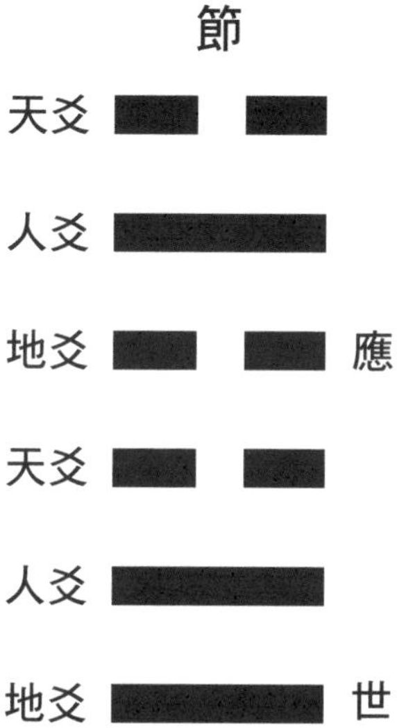

以此水澤節卦為例，其世爻在初爻，故其應爻必定在相隔二爻之第四爻。初爻與四爻同屬地爻；二爻與五爻皆為人爻；三爻與上爻則皆屬天爻。因此，不論何卦，世爻為天爻，則應爻必為天爻；世爻屬人爻，則應爻必不會是天爻或地爻；應爻若為天爻，則世爻亦必屬天爻。瞭解了世、應爻以及三才之區分後，則可以進一步說明推衍法則。
自古以來，研究六爻卦的學者大家，無不絞盡腦汁，想要歸納整理出一套簡易的法則，讓六十四歸屬問題有一捷徑可循。因此，揭示了不少應用口訣，而在眾多口訣當中，易簡認為下面這個口訣，最為簡捷清楚，也是易簡平日起六爻卦所慣用的口訣，故在此介紹給易友們。

口訣：

天同二世天變五；
地同四世地變初；
人同遊四變歸三。
一二三六外卦宮；
四五世卦內變更；
本宮六世三世異；
歸魂內卦是本宮。

這七句口訣，可以概分為兩個部分來解釋。第一部分為前三句與第六句，用來確定世爻在哪一爻；第二部分為四、五、七三句，用來進一步透過世爻來推定，所求得之卦屬於哪一宮的卦。透過這幾句口訣，就能夠快速地推衍出所求得之卦究竟屬於何宮，非常簡捷。因此，以下即分為兩個部分，逐句詳細來說明。

定世爻

一、天同二世天變五

此句口訣的意思是，一卦在天爻相同的情形下，世爻就在二爻；而在天爻相異的情況下，則世爻就在五爻。所謂的「同」與「異」，指的是陰陽之性質。同者意指天爻同為陰爻或陽爻，二者陰陽性質相同；異者指的是天爻一為陰爻，一為陽爻，二者陰陽性質相異。透過以下所舉之實例，比較能夠清楚說明。

在此有一點必須先重點說明的是，當一個六爻卦出來，上卦的天爻與下卦的天爻之間，只能有三種情形存在，也就是說二爻或是陰陽性質相同，或是陰陽相異。人爻與人爻之間，地爻與地爻之間，情形亦同。

而在天爻、人爻、地爻的三組關係之中，此種或相同或相異的情形，又可以進而區分為四種關係。一種是三組陰陽性質皆同；一種是三組之間陰陽性質皆相異；一種是三組關係之中，兩組相同，一組相異；另一種則是兩組相異，一組相同。全同與全異的情形，留待下面敘述。

而不論是兩組相同而一組相異，或是兩組相異而一組相同，都是以少數的那種情形來定位世爻。這點非常關鍵。以下即舉實例來說明。

〔實例二〕

風火家人卦

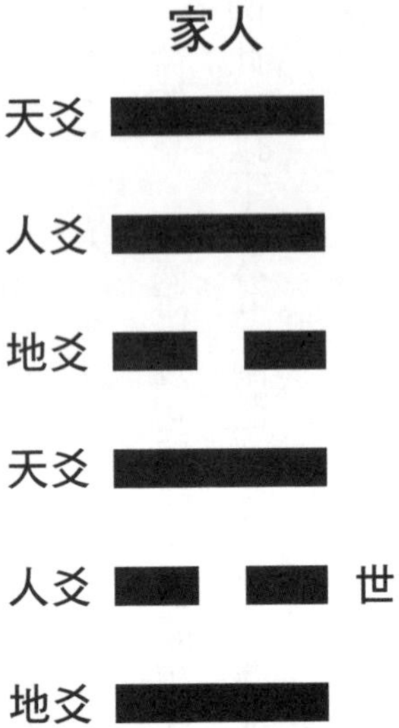

以此風火家人卦為例。此卦二天爻之間陰陽相同，而二人爻與二地爻之間，皆陰陽相異，此時即為兩組相異而一組相同的情形，此時要以相同的那一組天爻，也就少數的、特殊的來定位世爻。而此種情形即是口訣所說的天同二世，也就是天爻相同的情況下，世爻在二爻。以下請看實例三的說明。

【實例三】

雷火豐卦

此雷火豐卦二天爻之間陰陽相異，而二人爻與二地爻之間，皆屬陰陽相同之關係，此時即為兩組相同而一組相異的情形，根據規則，要以少數的、特殊的來定位世爻。因此，

此時必須以相異的那一組天爻為定位之核心，而此種情形即是口訣所說的天變五，也就是天爻相異的情況下，世爻在五爻。

二、地同四世地變初

此句口訣的意思是，一卦在地爻陰陽相同，而天爻與人爻陰陽相異的情形下，世爻就在二爻；而在其陰陽性質相異，而人爻與天爻陰陽相同的情況下，則世爻就在五爻。

〔實例四〕

風天小畜卦

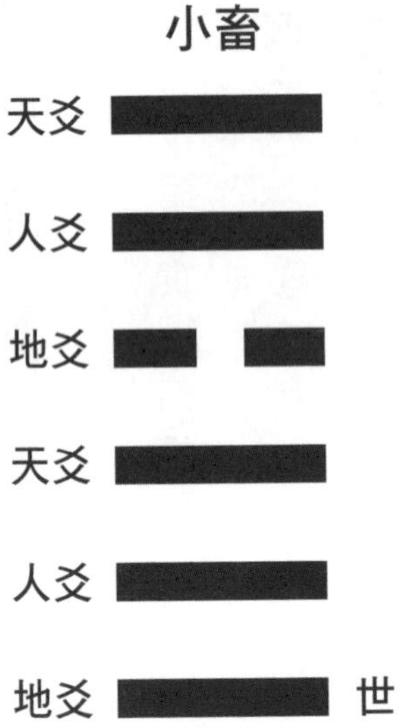

以風天小畜卦為例。此卦兩個天爻與兩個人爻之間，陰陽性質皆相同，只有地爻之

間，陰陽相異，此時即為兩組相同而一組相異的組合，此時要以較少數的、特殊的，也就是地爻來定位世爻。而此種情形即是口訣所說的地變初，也就是在地爻相異的情況下，世爻在初爻。

〔實例五〕

雷天大壯卦

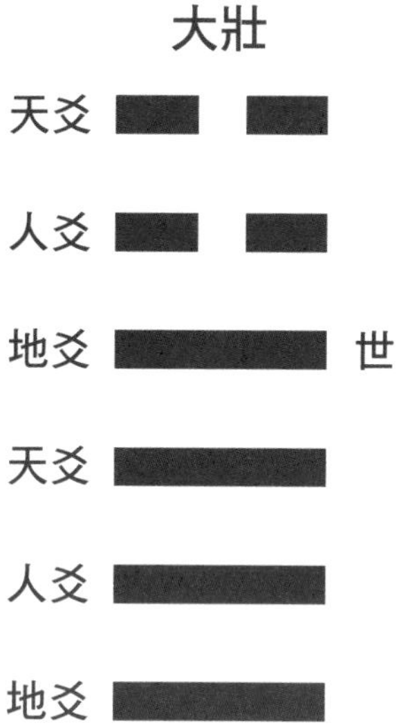

雷天大壯卦二地爻之間陰陽相同，而二天爻與二人爻之間，皆屬陰陽相異之情形，此時即為兩組相異而一組相同的關係，而根據規則，要以少數的、特殊的來定位世爻。因此，此時即須以相同的那一組，也就是地爻為定位之核心，而此種情形即是口訣所說的地同四

世，也就是地爻相同，而天爻與人爻皆陰陽相異的情況下，世爻在第四爻。

三、人同遊四變歸三

此句口訣的意思是，所求得之卦在人爻陰陽屬性相同，且天爻與地爻陰陽皆相異的情形下，即為遊魂卦，此時世爻在第四爻；而人爻陰陽屬性相異，且天爻與地爻陰陽相同的情況下，則為歸魂卦，其世爻就在第三。以下即透過實例進一步說明之。

〔實例六〕

風澤中孚卦

此中孚卦中，二人爻之間陰陽相同，而天爻與二地爻之間，皆陰陽相異，此時即為兩

組相異而一組相同的情形，此時要以少數的、特殊的，也就是相同的那一組人爻來定位世爻。而此種情形即是口訣所說的人同遊四，也就是人爻相同的情況下，即為遊魂卦，而其世爻則在第四爻。

〔實例七〕

天火同人卦

仔細分析此天火同人卦，可以發現其人爻之間陰陽屬性相異，而二天爻與二地爻之間，皆屬陰陽相同之關係，根據規則，要以少數的、特殊的來定位世爻。因此，這時就要以相異的那一組人爻做為定位之核心，而此種情形即是口訣所說的人變歸三，也就是人爻

相異的情況下，即為歸魂卦，而其世爻則在第三爻。

四、本宮六世三世異

所謂的「本宮」，指的就是八純卦，此句口訣的意思是，八純卦的世爻一律在第六爻；而天爻、人爻、地爻之間，陰陽屬性皆相異的情況，則其世爻就落在第三爻。

〔實例八〕本宮六世

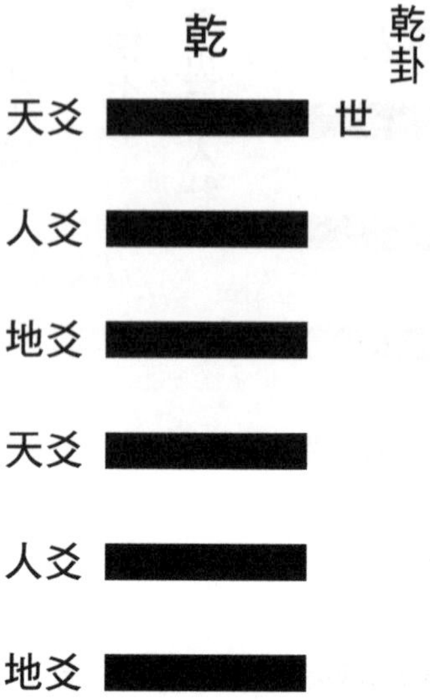

此句口訣的意思是，只要是本宮卦，也就是乾卦、坤卦、震卦、巽卦、坎卦、離卦、艮卦、兌卦，其世爻皆在第六爻。

〔實例九〕三世異

地天泰卦

此卦不論是天爻、人爻，或是地爻，兩兩之間皆陰陽屬性相異，此即為三世異的情形，其世爻在第三爻。確定世爻在第幾爻之後，我們就可以透過世爻，進而推導此卦屬於八宮中的哪一宮的卦了。此時就必須以透過口訣第二部分，即四、五、七三句來推定。

推八宮

一、一二三六外卦宮

此句口訣的意思是，當世爻在第一爻、第二爻，或第六爻時，此卦就是以外卦所屬何宮，來判定它屬於哪一宮的卦。以下即以實例來說明。

〔實例十〕

火山旅卦

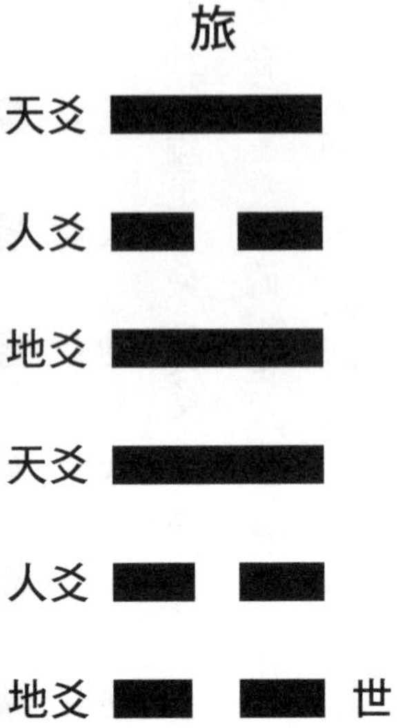

以此火山旅卦為例。此卦地爻相異，依據口訣應為地同四世地變初，故為一世卦。確定其為一世卦之後，依據口訣一二三六外卦宮，則此卦應以外卦來判定它究竟屬於何宮，此卦之外卦為乾卦，因此，此火山旅卦就是屬於乾宮之卦。

二、四五世卦內變更

此句意思是指，當世爻若在第四或第五爻時，則此卦是以內卦所變之卦，來判定它屬於哪一宮的卦。具體的情形，還是透過以下的實例來說明，比較清楚。

〔實例十一〕

天澤履卦

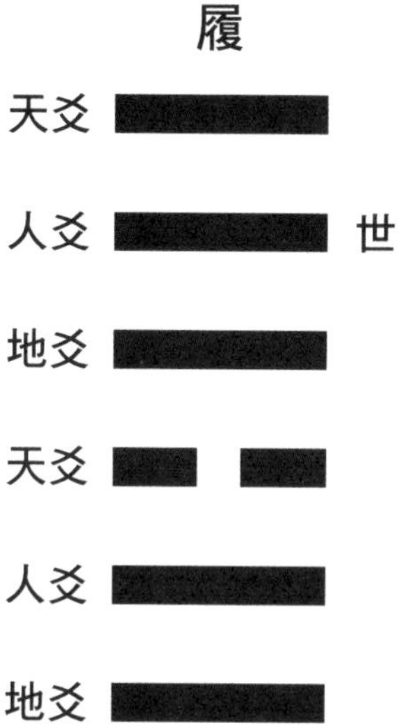

以此天澤履卦為例。此卦天爻相異，依據口訣應為天同二世天變五，故為五世之卦。確定其為五世卦後，依據口訣四、五世卦內變更，則此卦應以內卦所變之卦來判定它究竟屬於何宮，所謂的變卦，即是將其陽爻變為陰爻，陰爻變為陽爻之後，所得到之卦。以此例言，此卦之內卦為兌卦，透過陰陽轉變，則其變卦為艮卦，因此，此天澤履卦就是屬於艮宮之卦。

三、歸魂內卦是本宮

此句口訣是指，歸魂卦一律看內卦，以其內卦為基準，即可確定其所屬之宮為何。

〔實例十二〕

雷澤歸妹卦

歸妹

以此雷澤歸妹卦言，此卦只有人爻陰陽屬性相異，而天爻與地爻之間，陰陽皆相同，依據口訣應為人同遊四變歸三，故為三世歸魂之卦。而依據口訣歸魂內卦是本宮，則此卦應以內卦來判定它究竟屬於何宮，而其內卦為兌卦，因此，此雷澤歸妹就是屬於兌宮之卦。

二　我屬於哪一隊：八宮

在六爻卦的數術模式當中，所謂的六親關係，乃是透過此卦歸屬何宮為基準，而與其他五行之間的生剋關係，形成六親關係。因此，首先必須先確實所得之卦歸屬於八宮之中的哪一宮。上一節已經說明如何推衍的方法了，本節要對相關問題，做更深入的解析。

六爻卦占法按照「世」、「應」之學說，將六十四卦歸屬於八宮，由八純卦，即乾、坎、艮、震、巽、離、坤、兌各主一宮，每宮各有八卦。八宮以八純卦為首，為基礎，由首卦之初爻開始，自下往上逐次變易各爻之陰陽，每變一次，即可得到一個新的卦，而初爻變，即為一世卦；二爻變，即是二世之卦；三爻變，即是三世卦；四爻變，即為四世之卦；五爻變，則為五世卦；六爻為本根，始終不變，此時要再往回變，返回第四爻變，所得之卦稱之為遊魂卦；最後，在遊魂卦的基礎上，使其下卦三爻皆變，即下卦回歸原始之卦，稱之為歸魂卦。以下即分析透過乾宮卦與坤同卦，以實例予以說明。

〔實例一〕乾宮卦

乾宮八卦分別為本卦乾，一世卦天風姤，二世卦天山遯，三世卦天地否，四世卦風地觀，五世卦山地剝，遊魂卦為火地晉，歸魂卦為火天大有。

1、乾宮本卦

乾

本卦　乾為天

2、乾宮一世卦

姤

初爻由陽變陰成天風姤卦　一世卦

3、乾宮二世卦

遯

二爻自陽變陰成天山遯　二世卦

4、乾宮三世卦

否

三爻由陽變陰成天地否　三世卦

5、乾宮四世卦

觀

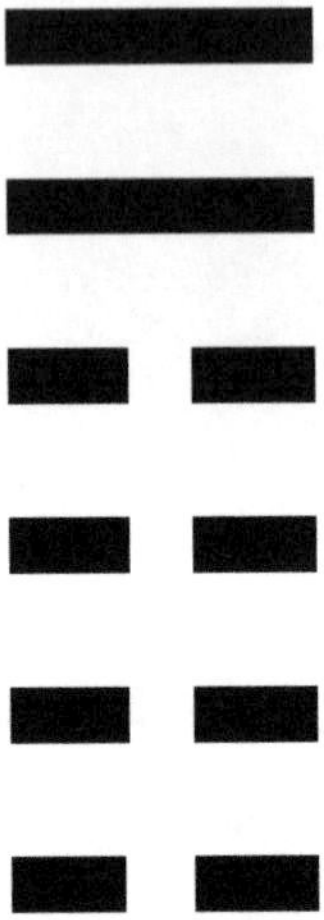

四爻自陽變陰為風地觀

四世卦

6、乾宮五世卦

剝

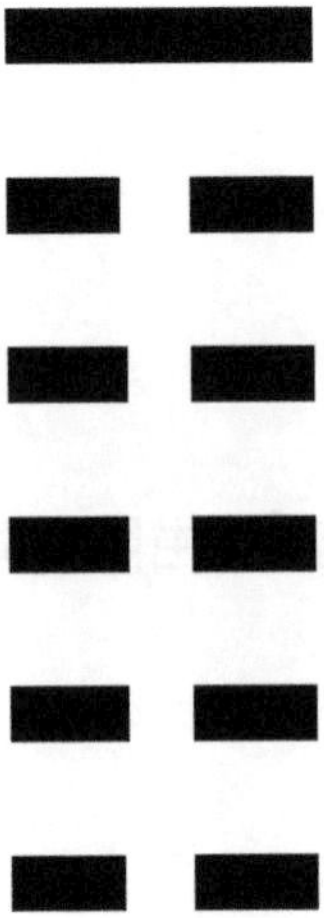

五爻由陽變陰成山地剝

五世卦

7、乾宮遊魂卦

晉

返回第四爻變為火地晉

遊魂卦

8、乾宮歸魂卦

大有

下卦回歸原本之卦得大有卦

歸魂卦

〔實例二〕坤宮卦

坤宮八卦分別為本卦坤，一世卦為地雷復，二世卦為地澤臨，三世卦是地天泰，四世卦為雷天大壯，五世卦是天風夬卦，遊魂卦為水天需，歸魂卦是水地比卦。

1、坤宮本卦

坤

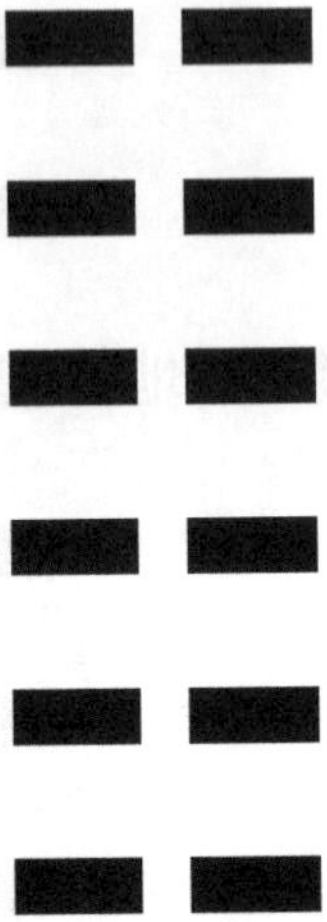

本卦　坤為地

2、坤宮一世卦

復

初爻由陰變陽成地雷復卦　一世卦

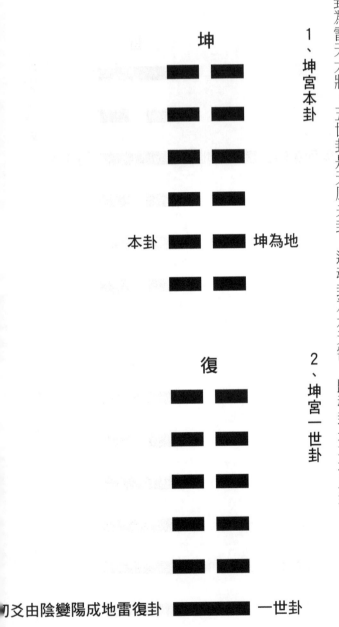

3、坤宮二世卦

臨

二爻自陰變陽成地澤臨　二世卦

4、坤宮三世卦

泰

三爻由陰變陽成地天泰　三世卦

5、坤宮四世卦

泰

四爻陰變陽為雷天大壯　四世卦

6、坤宮五世卦

夬

五爻由陰變陽成澤天夬　五世卦

7、坤宮遊魂卦

需

返回第四爻變為水天需　遊魂卦

8、坤宮歸魂卦

比

下卦回歸原本之卦得比卦　歸魂卦

相信在上述兩個實例的解說之下，讀者必能對於八宮變化的法則有所掌握。在瞭解八宮變化法則之後，為了方便易友們查找，以下還是將六十四卦各自所屬何宮，以表列方式圖示如下：

六十四卦八宮表

	本宮	一世	二世	三世	四世	五世	遊魂	歸魂
乾宮	乾為天	本宮姤	本宮遯	本宮否	本宮觀	本宮剝	本宮晉	本宮大有
震宮	震為雷	雷地豫	雷水解	雷風恒	地風升	水風井	澤風大過	澤雷隨
坎宮	坎為水	水澤節	水雷屯	水火既濟	澤火革	雷火豐	地火明夷	地水師
艮宮	艮為山	山水賁	山天大畜	山澤損	火澤睽	天澤履	風澤中孚	風山漸
坤宮	坤為地	地雷復	地澤臨	地天泰	雷天大壯	澤天夬	水天需	水地比
巽宮	巽為風	風天小畜	風火遯	風雷否	天雷觀	火雷剝	山雷晉	山風大有
離宮	離為火	火山旅	火風鼎	火水未濟	山水蒙	風水渙	天水訟	天火同人
兌宮	兌為澤	澤水困	澤地萃	澤山咸	水山蹇	地山謙	雷山小過	雷澤歸妹

在確定所得之卦屬於何宮之後，還必須進而知道八宮的五行屬性，才能進一步確定各爻的關係。這些重要的內容會在後面有關六親關係的篇章中，詳細予以說明。

三　爻與誰配：安地支

所謂的「六爻納甲」就是將求得之卦，依據相關法則，依序安上六爻，以利於判斷。而在安六爻的過程中，實際上多用地支，故實可說是卦象納支之法。一般六爻書籍，多以各種納甲歌訣來說明。易簡認為，這些歌訣對於理解上，並無殊勝之處，因此，在此直接敘述綱領，讓學者更利於學習六爻卦。

首先，要瞭解八卦的陰陽屬性。在八卦之中，乾、坎、艮、震四卦屬陽；巽、離、坤、兌四卦則屬陰。四陽之卦，要安上陽性之爻；而四陰之卦，則要安上陰性之爻。以十二地支言，即子、丑、寅、卯、辰、巳、午、未、申、酉、戌、亥，其中，單數屬陽，偶數屬陰。故所謂的陽支，即為子、寅、辰、午、申、戌六個地支；而所謂的陰支，則為丑、卯、巳、未、酉、亥六個地支。

不論是四陽之卦或是四陰之卦，皆從初爻起始，依次隔位向上安裝地支。不同者在於，四陽卦，即乾、坎、艮、震四卦，必須要採順時針排列，而四陰卦，即巽、離、坤、兌四卦，則是要以逆時針排布。亦即必須遵循「陽順陰逆」之法則。

再者，還必須知道各卦起於何地支，如此即不難安上各個地支。以四陽卦言，乾卦與震卦相同，其下卦起自子，上卦起自午；以坎卦言，則下卦自寅始，上卦自申起；如為艮卦，則其下卦起自辰，上卦起自戌。

以四陰卦言，則巽卦之下卦起自丑，上卦始於未；離卦之下卦起於卯，上卦自酉起；以坤卦論，則其下卦起於未，上卦始於地支丑；以兌卦言，下卦始於地支巳，上卦起於亥。今將各卦起始之地支，以圖式表述如下：

下即以實例來說明，如何安地支。

四陽卦			四陰卦		
八卦	下卦	上卦	八卦	下卦	上卦
乾卦	子	午	巽卦	丑	未
坎卦	寅	申	離卦	卯	酉
艮卦	辰	戌	坤卦	未	丑
震卦	子	午	兌卦	巳	亥

〔實例一〕

以此雷水解卦來說，其下卦為坎卦，坎卦下卦從寅起始，由於艮屬於陽卦，因此，依次向上順時針排列，故初爻為寅，二爻與三爻則分別是辰與午。旅卦之上卦為震，其上卦起自午，由於震卦亦屬陽卦，故同樣要取陽性之地支，依序向上順時針排布，也就是四爻為午，而五爻為申，上爻則為戌。今將雷水解卦安上地支後如下：

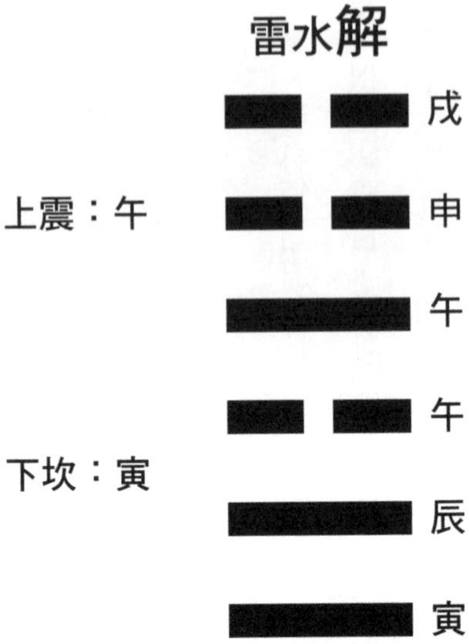

〔實例二〕

以此風澤中乎卦言，其下卦為兌卦，而上卦為巽卦。由於兌卦與巽卦俱屬陰卦，因此，不論是上卦與下卦，都要依次序向上逆時針排列。兌卦下卦自巳起始，逆行排布，因此，依次為初爻巳，二爻卯，三爻丑。風澤中孚上卦為巽，其上卦起自未，依序逆排是四爻為未，五爻為卯，上爻則為丑。今將風澤中孚卦安上地支後如下：

風澤中孚

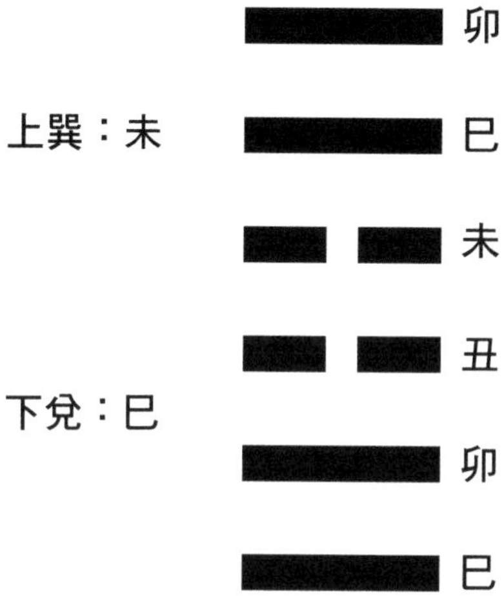

〔實例三〕

以天地否卦言，則其下卦為坤卦，坤卦下卦起自未，由於坤為陰卦，因此，須依次向上逆時針排列，故其初爻為未，二爻為巳，三爻則為卯。否卦之上卦為乾卦，其上卦以午為起始，由於乾屬陽卦，須依序向上順時針排布，也就是其四爻為午，五爻則為申，上爻為戌。今將天地否卦安上地支後如下：

天地否

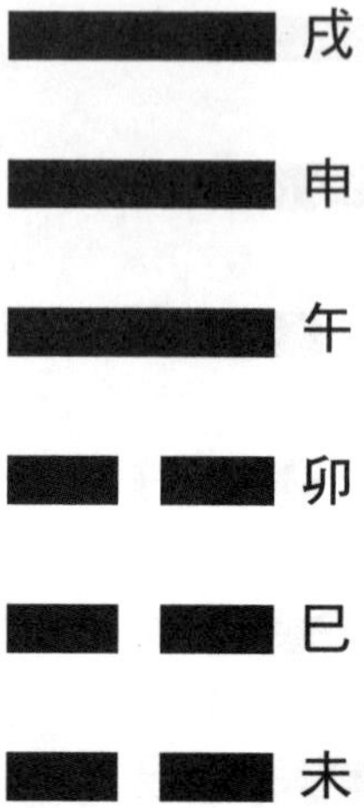

上乾：午

下坤：未

〔實例四〕

以火山旅卦言，其下卦為艮卦，艮卦下卦從辰起始，由於艮屬於陽卦，因此，依次向上順時針排列，故初爻為辰，二爻則為午，三爻為申。旅卦之上卦為離，其上卦起自酉，而由於離屬於陰卦，故須依序向上逆時針排布，也就是四爻為酉，五爻為未，上爻則為巳。

今將火山旅卦安上地支後如下：

火山旅

巳
未
酉
申
午
辰

上離：酉

下艮：辰

依循著上面的綱領，並以實例為輔助，相信必能讓有志學習六爻的讀者，順利學會如何安地支的方法。

四 日干起始：六神的安裝

「六神」，又稱之為「六獸」，是六爻卦一個非常重要的信息參考系統。其安裝方法並不困難，是按照一定的順序，依次排列安裝。所謂的順序有二，一為六神本身的順序，一為六爻的順序。

就六神本身的順序言，首先是青龍，然後是朱雀，接著是勾陳，然後為螣蛇，再來是白虎，最後則是玄武。而此青龍、朱雀、勾陳、螣蛇、白虎、玄武之次序，永遠不變。就六爻的順序言，其順序是自初爻開始，然後依次為二爻，三爻，接著是四爻，然後是五爻，最後為上爻，也就是自下而上依次排列。

至於六神從何者開始排列，則完全依據求測當日的日干來決定。無須理會六爻之地支為何。如果求測日的日干為甲或乙，則初爻就從青龍起始，依次排列；如果求測日的日干為丙或丁，則初爻就自朱雀為始，依序排列；日干為戊，則自勾陳為始，初爻為勾陳，二爻為螣蛇，三爻為白虎，四爻為玄武，五爻為青龍，六爻為朱雀。

設若求測日的日干為己日，則初爻就要從螣蛇為起始，依次排布；如果求測日的日干是庚或辛，則初爻就要自白虎為起始，依照順序排列；如果日干為壬水或癸水，則要以玄武為起點，故初爻為玄武，依序為二爻青龍，三爻朱雀，四爻勾陳，五爻螣蛇，六爻白虎。掌握了以上的綱領，就可以在六爻中將六神系統安裝妥當，以下即以實例來說明六神的排列方法。

〔實例一〕

國曆起卦時間：2013年1月5日10時42分

農曆：壬辰年十一月二十四日巳時

壬辰年　壬子月　辛未日　癸巳時

依據起卦方法，求得地水師卦，四爻為動爻，故變卦為雷水解卦。求測日為辛未日，其日干為辛，根據前述之綱領，則辛日初爻以白虎為起始，二爻為玄武，三爻則為青龍，四爻是朱雀，五爻為勾陳，六爻則為螣蛇。而將此六神依序安上，即可得到以下之卦。

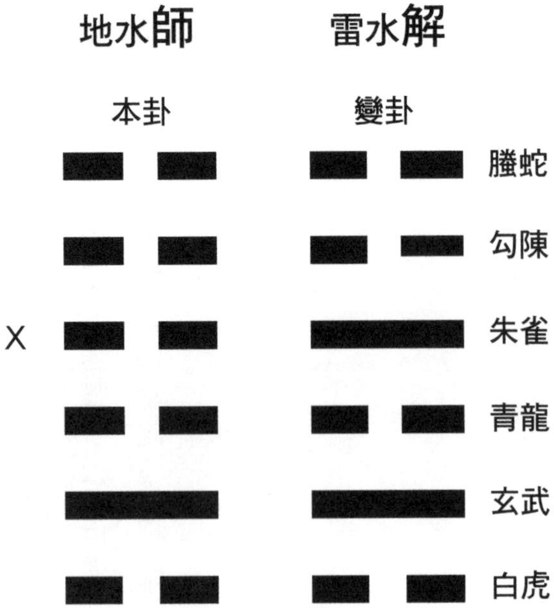

〔實例二〕

國曆起卦時間：2012年10月13日9時28分

農曆：壬辰年八月二十八日巳時

壬辰年　庚戌月　丁未日　乙巳時

依據起卦方法，在此求測時空，求得主卦為天山遯卦，以五爻為動爻，得到變卦為火山旅卦。而求測日為丁未日，其日干為丁火，根據上述之綱領，則丁日初爻以朱雀為起點，故二爻為勾陳，三爻則為螣蛇，四爻是白虎，五爻為玄武，六爻則為青龍。而將此六神依序安上，即可得到以下之卦。

天山遯（歸魂）　　火山旅

〔實例三〕

國曆起卦時間：2011年8月6日9時45分

農曆：辛卯年五月初七日巳時

干支：辛卯年　乙未月　癸巳日　丁巳時

依據起卦綱領，求得本卦為澤地萃卦，此卦以六爻為動爻，故其變卦則為天地否卦。而求測日為癸巳日，其日干為癸，根據前述之綱領，則癸日初爻要以玄武為起始，因此，二爻即為青龍，三爻則為朱雀，四爻就是勾陳，五爻為螣蛇，六爻則為白虎。而將此六神依序安上，即可得到以下之卦。

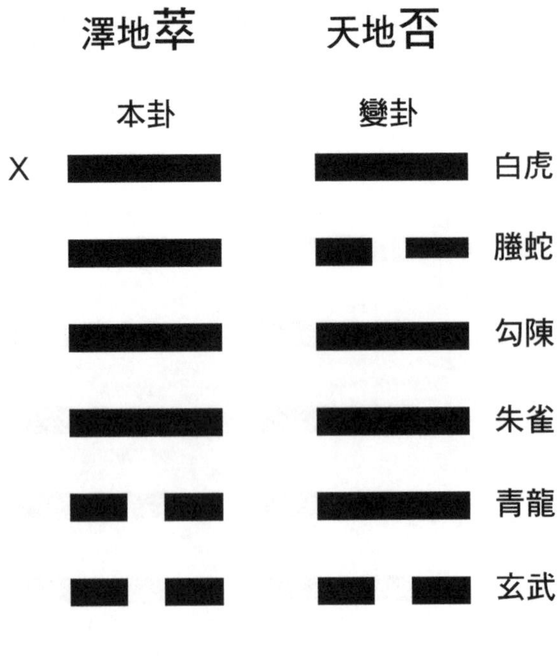

相信透過了以上的實例解說之後，必能讓讀者順利地安上六神系統，進而讓斷卦的信息更為豐富。為了方便學習，易簡將安六神之法則以圖示表列如下：

六爻六神配置表

	甲乙日	丙丁日	戊日	己日	庚辛日	任癸日
上爻	玄武	青龍	朱雀	勾陳	螣蛇	白虎
五爻	白虎	玄武	青龍	朱雀	勾陳	螣蛇
四爻	螣蛇	白虎	玄武	青龍	朱雀	勾陳
三爻	勾陳	螣蛇	白虎	玄武	青龍	朱雀
二爻	朱雀	勾陳	螣蛇	白虎	玄武	青龍
初爻	青龍	朱雀	勾陳	螣蛇	白虎	玄武

五 靈界的信息：六神

在六爻卦的數術模式當中，有所謂的六神，亦稱為六獸的信息系統。此一六神系統類似於奇門遁甲當中的八神與大六壬當中的十二神將。所謂的六神依序是青龍、朱雀、勾陳、螣蛇、白虎、玄武。今將六神所代表的各種信息闡釋如下：

青龍：

主喜慶之事、婚姻嫁娶、酒食宴樂、升遷……等信息。

朱雀：

主文書、字據、信息、口舌、爭吵、消息口信、善言巧語等等的信息。

勾陳：

主勾連、打鬥、牢獄、土地、田土紛爭等等的信息。

螣蛇：

代表諸如虛幻不實、驚恐怪異、變化多端、作夢連連、牽纏、心驚肉跳、虛偽等等的信息。

白虎：

代表了諸如道路、疾病死傷、凶喪孝服、血光之災、兇惡怪異、爭鬥殺伐、交通事故、兇猛好鬥等等的信息。

玄武：

代表了諸如盜賊、小人、頭暈、醉酒、暗昧之事、欺騙、淫邪、昏迷等等的信息。

就排列方法言，在六爻卦當中，六神自下而上的順序為六神依序是青龍、朱雀、勾陳、螣蛇、白虎、玄武循環排布。另外，此一六神系統，只是一個信息系統，並不直接參與五行之間的生剋制化。以上重點請配合在本書中的各個六爻卦占例，即可充分理解。

附錄：《卜筮正宗．六獸歌斷》

發動青龍附用通，進財進祿福無窮，臨仇遇忌都無益，酒色成災在此中。
朱雀交重文印旺，煞神相並漫勞功，是非口舌皆因此，動出生身卻利公。
勾陳發動憂田土，累歲迍邅為忌逢，生用有情方是吉，若然安靜不迷蒙。
螣蛇鬼克憂縈綷，怪夢陰魔暗裡攻，持木落空休道吉，逢沖之日莫逃凶。
白虎交重喪惡事，官司病患必成凶，持金動克妨人口，遇火生身便不同。
玄武動搖多暗昧，若臨官鬼賊交攻，有情生世邪無犯，仇忌臨之奸盜凶。

六 六爻卦中的關係圖：六親

在六爻卦當中，是以卦身與其他各爻之間的關係組成六親體系。也就是說在六爻卦的數術模式當中，所謂的六親關係，就是以卦身為核心，透過此卦歸屬何宮為基準，而與其他五行之間的生剋關係，形成六親關係。因此，首先必須先確定所求得之卦歸屬於八宮之中的哪一宮。

六爻卦占法按照「世」、「應」之學說，將六十四卦歸屬於八宮，由八純卦，即乾、坎、艮、震、巽、離、坤、兌各主一宮，每宮各有八卦。八宮各有其五行屬性，確切地說，在八宮當中，乾宮與兌宮，五行屬金。震宮與巽宮，五行屬木。艮宮與坤宮，五行屬土。離宮五行屬火，坎宮則五行屬水。

確定所得之卦屬於何宮之後，以各宮五行屬性為基準，我們就可以進一步確立每一爻的五行屬性。以下即透過兩個實際的例子，進行詳細說明。

口訣：

生我者為父母，我生者為子孫，剋我者為官鬼，我剋者為妻財，比合者為兄弟。

〔實例一〕

以上澤下地之萃卦為例，此卦歸屬於兌宮，亦即此卦屬於兌宮卦，在八卦當中，兌卦五行屬金。各爻之判定，則依據六親之口訣。

兌宮：澤地萃

父母丁未土	▅▅　▅▅
兄弟丁酉金	▅▅▅▅▅
子孫丁亥水	▅▅▅▅▅
妻財乙卯木	▅▅　▅▅
官鬼乙巳火	▅▅　▅▅
父母乙未土	▅▅　▅▅

由於兌卦五行屬金，則初爻未土為生我者，故為父母爻；二爻巳火為剋我者，故為官鬼爻；三爻卯木受金所剋，故為我剋者，因此為妻財爻；四爻亥水為我生者，故占子孫爻；五爻酉金同屬金，因此是兄弟爻。再以上火下山之旅卦為例來說明。

〔實例二〕

離宮：火山旅

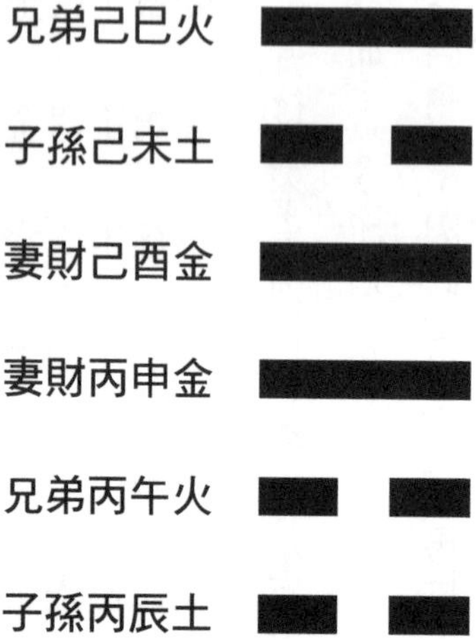

此火山旅卦屬於離宮卦，離卦五行屬火。則初爻辰土與五爻未土同為我生者，故皆為子孫爻；二爻午火與六爻巳火皆為比合者，因此為兄弟爻；三爻申金與四爻酉金，為火所剋，故皆為我剋者，因此，都屬於妻財爻。

除了這兩個例子外，本書還有其他相關的六爻卦占卜實例，可以清楚地闡述此一六親關係。有興趣學習的朋友，請多看本書中的實例，相信必能對六爻卦的六親關係有一透徹的理解。

附錄：《卜筮正宗・六親變化歌》

父母化父母，進神文書許，化子不傷丁，化鬼官遷舉，化財宅長憂，兄弟為洩氣。
子孫化退神，人財不稱情，化父田蠶敗，化財加倍榮，化鬼憂生產，兄弟謂相生。
官化進神祿，求官應疾連，化財占病凶，化父文書遂，化予必傷官，化兄家不睡。
妻財化進神，錢財入宅來，化官憂戚戚，化子答哈哈，化父宜家長，化兄當破財。
兄弟化退神，凡占無所忌，化父妾奴驚，化財財未遂，化官弟有災，化子卻如意。

七 我要問的問題：用神

所謂的「用神」，指的就是在占卜時，所求測的事項。因此，用神的選取，是占卜過程中的關鍵之一，用神取錯，則斷卦必定不準確。取用的方法，一樣是透過所謂的六親關係，將所要測問之事歸納為父母、兄弟、子孫、妻財、官鬼五類。以下即將此五種事物的具體內容詳述如後。

父母爻：

舉凡祖父母、父母、師長（包括叔叔、姨媽、舅媽、岳父、岳母等各類長輩人）、舟車、房屋、衣服，學術、學歷、考試、學校、契約、證件、工作單位、雨具……等，以及一切能夠庇護我之事物。

子孫爻：

舉凡子女、女婿、學生、門徒、姪甥、一切晚輩人、警察、軍人、醫生、醫藥、遊玩等等。

妻財爻：

舉凡妻子、情人、錢財、珠寶金飾、古物珍玩、飲食、僕人、理由，以及一切能夠供驅使支配之事物。

官鬼爻：

凡占功名、官運、上司、主管、官司、疾病、災難、疼痛、壓力、盜賊，以及一切能夠剋制我、約束我之事物。

兄弟爻：

代表兄弟姐妹、表、堂兄弟姐妹、結拜兄弟、朋友、同事、同學、同業競爭者、合夥人、競爭、破財、賭博、團體……等等的信息。

徹底理解上述具體內涵之後，我們就可以依據要問測之事選取用神，進而斷事。

〔實例一〕

以上澤下地之萃卦為例，此卦歸屬於兌宮，亦即此卦屬於兌宮卦，在八卦當中，兌卦五行屬金。依據六親之口訣，判定各爻六親關係如下。

兌宮：雷澤萃

父母丁未土
兄弟丁酉金
子孫丁亥水
妻財乙卯木
官鬼乙巳火
父母乙未土

占得此卦之後，如要問測工作之事，則取初爻與六爻之父母爻為用神；如果要問開店做生意之前景如何？財運如何？則要取三爻卯木妻財爻為用神；如果要預測的事情是疾病方面的事項，則要取二爻巳火官鬼爻為用神。依此類推。

〔實例二〕

以上火下水之未濟為例，此卦歸屬於離宮之卦，在八卦當中，離宮卦五行屬火。各爻之判定，則依據六親之口訣。

離宮：火水未濟

兄弟己巳火 ▅▅▅▅▅

子孫己未土 ▅▅　▅▅

妻財己酉金 ▅▅▅▅▅

兄弟戊午火 ▅▅　▅▅

子孫戊辰土 ▅▅▅▅▅

父母戊寅木 ▅▅　▅▅

占得此卦，如果有人問測要買某支股票，則要取四爻酉金妻財爻為用神，進而考察用神與求測人之間的生剋關係來決定吉凶；如果有人問測現在正在進行中的醫療方案好壞如何，則要取二爻辰土以及五爻未土之子孫爻為用神，進而審視用神與求測人之間的生剋關係來確定禍福如何。所問測的事情不同，用神也就不同，依此類推。

八 助力或阻力：元神忌神

用神的意義，在前述的文章中已經說明清楚了，現在則要進一步說明元神、忌神、仇神之概念。這些概念，著眼於六爻之間，五行的生剋制化關係，然皆須以用神為基準，所謂的「元神」就是生扶用神之爻，而所謂的「忌神」，就是剋制用神之爻。而生扶忌神，剋制元神之爻，則稱之為「仇神」。以下還是透過實際例子來說明，比較容易理解。

〔實例一〕

以上澤下水之困卦為例，此卦歸屬於兌宮，在八卦當中，兌卦五行屬金。各爻之六親與五行，如下所示：

兌宮：澤水困

父母丁未土
兄弟丁酉金
子孫丁亥水
官鬼戊午火
父母戊辰土
妻財戊寅木

假設此卦有人要問測有關兄弟或是某團體之事，則要取五爻兄弟爻酉金為用神。此時以用神酉金為基準，則二爻父母辰土以及上爻父母未土，都來生扶用神，因此，就是所謂的「元神」。三爻官鬼戊午火來剋制用神，就是所謂的「忌神」。而初爻妻財寅木既生扶忌神官鬼火，又來剋制元神父母土，則可稱之為「仇神」。

如果此卦有人要問測工作方面的事，則必須取父母爻，也就是二爻辰土以及上爻未土為用神，則三爻官鬼午火來生扶用神，因此，三爻午火即為元神。而初爻妻財寅木要來剋制用神，因此，初爻寅木就是忌神。而四爻子孫爻亥水既可生扶忌神寅木，又可剋制元神午火，因此，四爻即為仇神。以下再舉一個實例來說明。

〔實例二〕

再以上雷下火之豐卦為例來說明。此卦歸屬於坎宮，坎宮卦五行屬水。各爻之六親關係以及五行屬性，如下所示：

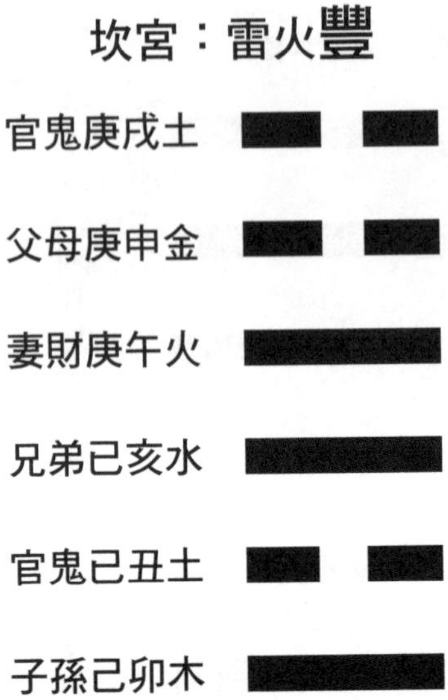

假設此卦有人要問測開店做生意之事，則要取四爻，也就是妻財爻午火為用神。此時以此用神為基準，則初爻子孫卯木要來生扶用神之爻，則初爻卯木即為元神。而三爻兄弟亥水要來剋制用神午火，因此，三爻亥水就是所謂的忌神。而五爻申金既可生扶忌神亥水，又可剋制元神卯木，因此，此申金即為仇神。

又假若有人要問測此次升遷是否心想事成，則必須要取二爻丑土以及上爻戌土之官鬼爻為用神。此時四爻妻財午火要來生扶官鬼爻，則四爻午火就是所謂的元神。而初爻子孫卯木要來損傷用神，故初爻卯木就是所謂的忌神。而三爻兄弟爻亥水既能生扶忌神卯木，又能剋制元神午火，則此兄弟爻亥水就是所謂的仇神。

總而言之，只要確立了用神之後，透過各爻之間的五行生剋制化關係，就能夠判定在整個六爻卦之中，何爻為元神，何爻為忌神，何爻為仇神，進一步分析各爻在整個事件發展過程中，所扮演的的角色為何。讓我們在斷卦的過程中，提取出更多有用的信息，供求測人做為參考之用。

九 前進或倒退：進神與退神

一般而論，十二地支在排列上，有其一定的順序，依次為子↓丑↓寅↓卯↓辰↓巳↓午↓未↓申↓酉↓戌↓亥。由於十二地支各有其五行屬性。因此，產生了所謂的進與退的不同情形。以火而言，我們可以說由巳火到午火為進；由午火到巳火為退。以金而論，則由申金變酉金為進；由酉金變申金則為退。以木而言，則由寅木化卯木為進；由卯木化寅木為退。以水來說，則亥水到子水為進；由子水到亥水則為退。土的部分相對比較複雜，由丑化為辰，由辰化未，由未化戌，由戌化丑，只要是順序向前遞進者，順時針走的，皆稱之為進。反之，由戌到未，由未到辰，由辰到丑，由丑到戌，逆著順序向後倒退者，逆時針走的，皆稱之為退。

這樣的觀念應用於六爻卦體系中，就成為「進神」與「退神」這一對意義相反的概念。

當從主卦變為變卦的過程中，如果有某一爻產生了進或退這樣的變化，則分別稱之為化進神與退神。具體的情形表列如下：

進神

亥化子、寅化卯、巳化午、申化酉、丑化辰、辰化未、未化戌、戌化丑。

退神

子化亥、卯化寅、午化巳、酉化申、辰化丑、未化辰、戌化未、丑化戌。

在六爻卦體系的應用上，化為進神，主要應相關信息之氣數逐漸遞升；反之，化為退神，則應相關信息的氣數逐漸消弱。然而，必須進一步說明的是，不論是化為進神或是退神，本身並無特定的吉凶可言，要看所問何事來決定。一般而言，問測疾病、官司等等不吉之事，最好是氣數能夠逐漸減弱，因此喜化退神，忌化進神；反之，若是問測吉慶之事，諸如財運、官運等等，則最好是氣數逐漸增強，因此，忌化退神，喜化進神。以下舉實例予以說明：

六神	坤宮：地雷**復** 本卦		坤宮：地澤**臨** 變卦
螣蛇	子孫癸酉金 ▅▅　▅▅		子孫癸酉金 ▅▅　▅▅
勾陳	妻財癸亥水 ▅▅　▅▅		妻財癸亥水 ▅▅　▅▅
朱雀	兄弟癸丑土 ▅▅　▅▅	應	兄弟癸丑土 ▅▅　▅▅
青龍	兄弟庚辰土 ▅▅　▅▅		兄弟丁丑土 ▅▅　▅▅
玄武	官鬼庚寅木 ▅▅　▅▅		X→官鬼丁卯木 ▅▅▅▅▅
白虎	妻財庚子水 ▅▅▅▅▅	世	父母丁巳火 ▅▅▅▅▅

〔實例一〕

國曆起卦時間：2013年4月4日21時50分

癸巳年　乙卯月　庚子日　丁亥時

（日空：辰巳）

以此卦言，二爻寅木化為卯木，此為化進神，應此事氣數逐漸進升。至於吉凶，則如果問測的是官運，則化進神者有喜慶之應；設若問測疾病方面的事情，則病情則有加重之患。

坎宮：澤火革				坎宮：雷火豐	
六神	本卦			變卦	
白虎	官鬼丁未土	▅▅　▅▅		官鬼庚戌土	▅▅　▅▅
螣蛇	父母丁酉金	▅▅▅▅▅		O→父母庚申金	▅▅　▅▅
勾陳	兄弟丁亥水	▅▅▅▅▅	世	妻財庚午火	▅▅▅▅▅
朱雀	兄弟己亥水	▅▅▅▅▅		兄弟己亥水	▅▅▅▅▅
青龍	官鬼己丑土	▅▅　▅▅		官鬼己丑土	▅▅　▅▅
玄武	子孫以卯木	▅▅▅▅▅	應	子孫以卯木	▅▅▅▅▅

〔實例二〕

國曆起卦時間：2013年4月26日15時50分

癸巳年　丙辰月　壬戌日　戊申時

（日空：子丑）

在起好的這個六爻卦中，主卦的五爻酉金為動爻，化為變卦之申金，由酉化申，是為化退神，應所問之事氣數逐漸減弱，如果要問測工作運勢，或者是想要另覓新工作，則由此卦來看，臨螣蛇且化退神，則工作運勢不佳，換工作也沒有更好的機會，可以建議對方等待時機，一動不如一靜。

在這個六爻卦中，還有一個要留意的相關重點是，除了動爻之外，有些靜爻也有潛在的氣數變動，往往為人所忽略。以此例言，上爻之未土雖非動爻，但化為戌土，實際上也是化進神，亦屬於氣數遞進之過程，只是這種變化屬於一種潛在的伏流，不易為人察覺，事實上，這些氣數的或升或降，都代表了某些重要的信息，在實際斷卦時都必須要仔細考量，方能挖掘出更多資訊，將事件的來龍去脈揭示出來。

十 主動與被動：動靜

在一個六爻卦中，動與靜在作用上有著非常重要的差異。動爻即使休囚，亦能生剋靜爻；而靜爻即使再旺相，也不能生剋動爻。因此，在斷卦時，某爻是動爻或是靜爻，關係著它的作用能力，這點非常關鍵。以下即透過實例來說明動爻與靜爻之差別。

〔實例一〕

國曆起卦時間：2013年4月26日14時25分　農曆：癸巳年三月十七日未時

癸巳年　丙辰月　壬戌日　丁未時　（日空：子丑）

兌宮：兌為澤

父母丁未土　▅▅　▅▅　世

兄弟丁酉金　▅▅▅▅▅

子孫丁亥水　▅▅▅▅▅　O

父母丁丑土　▅▅　▅▅　應

妻財丁卯木　▅▅▅▅▅

官鬼丁巳火　▅▅▅▅▅

為了解說方便，特別將變卦以及六神等信息予以省略。在這個起好的六爻卦當中，以四爻子孫爻亥水為動爻。以春季而言，五行之旺衰分別為木旺，火相，水休，金囚，土死。

分別就六爻來說，則二爻妻財卯木為旺，初爻官鬼巳火為相，四爻子孫亥水為休，五爻兄弟酉金為囚，三爻丑土與六爻父母未土為死地。雖然各爻的旺衰不同，但真正能夠具有動能的是四爻亥水，它雖然處於休囚之狀態，一樣可以剋制旺相的初爻巳火，這是由於動與靜的不同。

不只如此，做為一個動爻來說，它的作用是多重的，也就是說，在這個六爻卦中，四爻子孫亥水除了可以沖剋初爻巳火外，還可以生扶三爻妻財卯木，化洩五爻兄弟酉金，耗三爻與六爻的父母爻。以下再舉一個實例來說明動爻與靜爻之區別。

〔實例二〕

國曆起卦時間：2013年5月19日11時25分　農曆：癸巳年四月初十日午時

癸巳年　丁巳月　乙酉日　壬午時　（日空：午未）

坎宮：雷火豐

官鬼庚戌土	▅▅　▅▅	
父母庚申金	▅▅　▅▅	世
妻財庚午火	▅▅▅▅▅	
兄弟己亥水	▅▅▅▅▅	O
官鬼己丑土	▅▅　▅▅	應
子孫己卯木	▅▅▅▅▅	

此卦月令為巳火，測於夏季時節。以夏季言，則五行之旺衰分別是火旺，土相，木休，水囚，金死。以旺衰言，雖然三爻兄弟亥水屬休囚，但是由於它是動爻，因此，能夠生剋四爻妻財午火，這就是動爻可以生剋靜爻的道理；反之，二爻官鬼丑土雖然於旺衰來說，

屬於旺相，而且就五行言，土可以剋制水，但是在這個六爻卦當中，二爻丑土是無法剋制三爻亥水的，原因在於靜爻即使再旺相，也沒有生剋動爻之能力。

不僅如此，動爻的作用是多方面的，它可以對於整個六爻卦當中等其他各個靜爻分別產生生剋制化之作用。舉例來說，它可以剋午火，化洩五爻申金，生扶初爻卯木，這些都是動與靜的不同。除了起卦時產生的動爻之外，在六爻體系當中，還有一個與此相關的重要概念，那就是「暗動」。

暗動

旺相的靜爻受到日辰所沖，稱之為「暗動」；休囚的靜爻受到日辰所沖，稱之為「日破」。

舉例來說，如果求測日是子日，則子就要來沖午，假若午火為靜爻，又如果是在夏季測卦，則午火旺相，則此時午火則要以「暗動」來論。如果是在冬季測卦，則午火在冬季屬休囚，則此時午火要以「日破」來論。

再舉一例來說明，如果求測日是寅日，則寅與申相沖，設若卦中有靜爻申金，則如果在春季來問測事情，則就五行旺衰言，分別是木旺，火相，水休，金囚，土死，因此，要以休囚之靜爻受到日辰所沖來論，也就是說，申金為「日破」。而如果是在秋季來測卦，則要以旺相之靜爻受到日辰所沖來論，也就是說，此時申金為「暗動」。旺衰不同，結果也就不同，這點非常關鍵，學習者務必加以留意。

〔實例三〕

國曆起卦時間：2013年5月15日15時25分　農曆：癸巳年四月初六日申時

癸巳年　丁巳月　辛巳日　丙申時　（日空：申酉）

坤宮：地天泰

子孫癸酉金	▅▅　▅▅	應
妻財癸亥水	▅▅　▅▅	
兄弟癸丑土	▅▅▅▅▅	
兄弟甲辰土	▅▅▅▅▅	世
官鬼甲寅木	▅▅　▅▅	
妻財甲子水	▅▅▅▅▅	O

以此卦言，日辰為巳火，巳亥相沖，由於測卦時間是在夏季，因此，亥水屬休囚狀態，由於休囚的靜爻受到日辰所沖稱之為「日破」。是故就此例言，則五爻妻財亥水即為「日破」。此時初爻子水為動爻，原本可以比助亥水，但由於五爻亥水為日破，無法接受子水之比助。假設是在秋天或冬天來問測，則此時亥水為旺相狀態，則此時則要以「暗動」來論。

【實例四】

國曆起卦時間：2013年3月22日11時38分　農曆：癸巳年二月十一日午時

癸巳年　乙卯月　丁亥日　丙午時　（日空：午未）

艮宮：火澤睽

父母己巳火	▅▅　▅▅	
兄弟己未土	▅▅　▅▅	
子孫己酉金	▅▅▅▅▅	世
兄弟丁丑土	▅▅▅▅▅	
官鬼丁卯木	▅▅　▅▅	O
父母丁巳火	▅▅▅▅▅	應

以此卦言，日辰為亥水，巳亥相沖，由於測卦時間是在夏季，因此，巳火旺相，旺相的靜爻受到日辰所沖，稱之為「暗動」，是故就此例言，則上爻巳火即為「暗動」。因此，就此卦而言，實際上來說，有三個動爻，一個是原來的動爻，即二爻官鬼卯木，另外兩個則是初爻以及上爻的父母爻巳火。

就實際的斷卦來說，動爻與暗動之爻的差別在於，一者是在檯面上的、公開的動作；一者是屬於檯面下的、不公開的暗流。以此卦言，如果是丑人問測有關疾病之事，則二爻官鬼卯木來剋制丑土，且卯為月建，旺相有力，土走死地，此為旺木來剋死土，非常不利。但仔細看可以發現，有初爻與上爻之巳火暗動，動作起來之後，則原本的官鬼卯木之力要先來生巳火，於是剋制丑土的力量也就被化洩掉了，因此，並無大礙。在這卦中，如果沒有巳火暗動這一因素存在，則丑土勢必病情嚴重。

因此，在為人斷卦時，除了必須重點考慮動靜的問題外，更應該將暗動的因素考量在內，如此一來，斷起卦來，才能更加周全無誤。

附錄：《卜筮正宗・六親發動訣》

父動當頭克子孫，病人無藥主昏沉，姻親子息應難得，買賣勞心利不存，觀望行人書信動，論官下狀理先分，士人科舉登金榜，失物逃亡要訴論。

子孫發動傷官鬼，占病求醫身便痊，行人買賣身康泰，婚姻喜美是前緣，產婦當生子易養，詞訟私和不到官，謁貴求名休進用，勸君守分聽乎天。

官鬼從來克兄弟，婚姻未就生擬滯，病困門庭禍祟來，耕種蠶桑皆不利，出外逃亡定見災，詞訟官非有囚繫，買賣財輕賭博輸，失脫難尋多暗昧。

財爻發動克文書，應舉求名總是虛，將本經營為大吉，親姻如意藥無虞，行人在外身將動，產婦求財身脫除，失物靜安家未出，病人傷胃更傷脾。

兄弟交重克了財，病人難癒未離災，應舉奪標為忌客，官非陰賊耗錢財，若帶吉神為有助，出路行人便未來，貨物經商消折本，買婢求妻事不諧。

十一 位階高低：四值與爻位

四值

在為人進行八字論命時，四柱的宮位分別代表了重要的意義。以年柱來說，年柱為父母宮，主要是與父母、長輩、領導、上層社會的信息，以及級別最高最大的有關事物。月柱，為兄弟宮，主要是與兄弟姐妹、朋友、同事、同學有關的信息，兄弟宮亦主合夥、合作、競爭等信息。日柱為夫妻宮，表示與自己或妻子，以及夫妻之間的信息。時柱為子女宮，與子女、下屬、子孫後代、學生、徒弟等相關的信息。

事實上，此四值的信息，不只適用於八字論命體系，舉凡梅花易數、六爻卦、大六壬、奇門遁甲，皆一體適用。

在這四者當中，尤其要重點留意月柱，也就是月建，以及日柱，也就是日辰之作用。

每個月的月建，亦稱月令，掌管一月之吉凶；每日的日建，亦稱為日辰，則掌管當日之吉凶。受到月建或日辰之生扶比助，則應該方面的吉慶；反之，若受到月建或日辰之剋制耗洩，則應該方面之凶災。

爻位

在六爻體系當中，爻位是一個非常重要的概念。它的核心是每個爻是否「得位」的問題。在一個六爻卦中，奇數爻，也就是初爻、三爻、五爻，是陽位；而偶數爻，亦即二爻、四爻、上爻為陰位。基本上，要以陽爻居陽位，陰爻居陰位為得位。反之，若是陽爻落於第四爻的位置，則為陽爻居陰位，是為不得位；或是陰爻居於五爻的位置，則是陰居陽位，一樣是不得位。舉例來說：

〔實例〕澤地萃

兌宮：澤地萃

以此澤地萃卦逐爻來看，則初爻為陽位，今初爻未土為陰爻居於陽位，為不得位；二爻為陰位，今二爻巳火為陰爻居於陰位，得位。三爻卯木為陰爻居於陽位，屬於不得位的狀態；而四爻亥水為陽爻居於陰位，也屬於不得位的情形。五爻酉金為陽爻臨陽位，當位；六爻未土為陰爻居於陰位，也屬於得位的狀態。

得位與否就衍生出是否該變動的選擇問題來。在現今的社會中，工作變遷是一個常常有人問測的問題。通常求測人會問，我現在的工作不太理想，想要換一個工作，請問換了工作，能否比現在更好？這種問題是要比較現在工作與變動之後的工作，兩者之間誰優誰劣的問題。此時，得位與否就成為很有利的參考依據。

舉例而言，如果有個屬卯的人來問測此一問題，則如果卯木臨動爻，說明他心裡想動了，而由於卯木為陰爻居於陽位，屬於不得位的情形，臨動爻，則變動之後陰爻變為陽爻，變為陽爻居陽位，成為得位的狀態。因此，可以建議求測人大膽找尋新的工作機會，新的工作必定能夠比現在這個工作更為理想。

如果此時有個屬雞的人來問測調新工作之後吉凶如何？則如果五爻臨動爻了，說明他心裡想要有所變動，但五爻酉金為陽爻居於陽位，屬於得位的情況。今臨動爻，則變動之後為陽爻變為陰爻，反而是從得位的情形變為不得位的狀態，屬於愈換愈糟的結果。因此，要建議求測者不要在這個時機點變換工作，要稍微忍耐，因為變動之後更為不理想。

十二　檯面下的信息：伏神

所謂「伏神」者，伏藏之神也。在六爻卦的占斷體系當中，有時在斷卦的過程中，會出現求測人信息或者是用神不上卦的情形，此時，就必須查找「伏神」，進而推斷事情的發展。以下舉例來說明。

〔實例一〕

風火家人

兄弟辛卯木　▅▅ ▅▅

子孫辛巳火　▅▅ ▅▅　應

妻財辛未土　▅▅▅▅▅

父母己亥水　▅▅▅▅▅

妻財己丑土　▅▅ ▅▅　世

兄弟己卯木　▅▅▅▅▅

以此卦而言，若此時有人問測官運之事，則官運事項要取官鬼爻為用神，但細看此卦，有兄弟爻、子孫爻、妻財爻、父母爻，獨缺官鬼爻，此即所謂用神不上卦之情形，也就是在整個卦中找不到要問測的信息。此種情況就必須查找伏神，而查找的方法，就是到本宮卦中去找尋。因為，在本宮卦中，六親俱全，不存在找不到用神的問題。以此例言，依口訣天同二世天變五，其世爻在第二爻；再依口訣一二三六外卦宮，此六爻卦之外卦為巽卦，因此，屬於巽宮卦，巽宮卦如下：

巽

兄弟卯木	⚋	世
子孫巳火	⚋	
妻財未土	⚊	
官鬼酉金	⚊	應
父母亥水	⚋	
妻財丑土	⚊	

在此巽宮的本宮卦當中，六親俱全，因此，絕對不會有用神不上卦的情形，查找之下，官鬼爻出現在第三爻，此即為所謂的伏神。依據所查找的結果，即可將此六爻卦完整地表示如下：

風水**家人**

伏神			
	兄弟辛卯木	▅▅ ▅▅	世
	子孫辛巳火	▅▅ ▅▅	
	妻財辛未土	▅▅▅▅▅	
官鬼辛酉金	父母己亥水	▅▅▅▅▅	應
	妻財己丑土	▅▅ ▅▅	
	兄弟己卯木	▅▅▅▅▅	

查找伏神之後，有了用神，即可據此斷卦。以下再舉一例。

〔實例二〕

風水渙

父母辛卯木	▅▅▅▅▅	
兄弟辛巳火	▅▅▅▅▅	世
子孫辛未土	▅▅　▅▅	
兄弟戊午火	▅▅　▅▅	
子孫戊辰土	▅▅▅▅▅	應
父母戊寅木	▅▅　▅▅	

以此卦言，如果求測人要問測財務經濟方面的事項，則整個卦中只有父母爻，兄弟爻、子孫爻，沒有妻財爻，用神不上卦，此時就必須查找伏神。此卦依口訣天同二世天變五，天爻異，故世沒落於第五爻；再依據口訣四五世卦內變更，此卦之內卦為坎卦，經變更之後得到離卦，故可知此卦屬於離宮之卦，接著透過離宮的本宮卦來找尋伏神。離宮本宮卦如下：

離

兄弟巳火	▅▅▅▅▅	世
子孫未土	▅▅▅▅▅	
妻財酉金	▅▅ ▅▅	
官鬼亥水	▅▅ ▅▅	應
子孫丑土	▅▅▅▅▅	
父母卯木	▅▅ ▅▅	

在離卦中，妻財爻酉金落在第四爻。此即為所謂的伏神。依據所查找的結果，即可將此六爻卦完整地表示如下：

風水渙

伏神	爻	卦	世應
	父母辛卯木	⚋	
	兄弟辛巳火	⚋	世
妻財酉金	子孫辛未土	⚊	
	兄弟戊午火	⚊	
	子孫戊辰土	⚋	應
	父母戊寅木	⚊	

詳細闡釋伏神的查找方法之後，接下來要說明的是相關的斷卦綱領。在伏神與飛神之間的關係，最好是飛神來生扶或比助伏神；不喜伏神來生飛神，此為洩氣，亦不喜伏神剋飛神；飛神來剋制伏神最凶。兩者氣數相較，最好是伏神旺相有氣，飛神休囚無力。

震宮：澤風**大過**　　　　坤宮：澤天**夬**

六神	伏神	本卦			變卦	
勾陳		妻財丁未土	▅▅　▅▅		妻財丁未土	▅▅　▅▅
朱雀		官鬼丁酉金	▅▅▅▅▅		官鬼丁酉金	▅▅▅▅▅
青龍	子孫庚午火	父母丁亥水	▅▅▅▅▅	世	父母丁亥水	▅▅▅▅▅
玄武		官鬼辛酉金	▅▅▅▅▅		妻財甲辰土	▅▅▅▅▅
白虎	兄弟庚寅木	父母辛亥水	▅▅▅▅▅		兄弟甲寅木	▅▅▅▅▅
騰蛇		妻財辛丑土	▅▅　▅▅	應	X→父母甲子火	▅▅▅▅▅

此外，如果伏神受到飛神之壓制，則在飛神臨空亡或是逢日破、月破之情形，則伏神可出，暫時解開受到壓制之情形。否則，伏神縱有凌雲之志、過人之才，一時之間，都無法盡展長才。以下舉實例來說明相關重點。

【實例一】

國曆起卦時間：2012年4月8日19時30分

農曆：壬辰年三月十八日戌時

壬辰年　甲辰月　己亥日　甲戌時

（日空：辰巳）

以這個六爻卦言，如果有人問測有關子女或是合夥事宜，則此時卦中既無子孫爻，亦無兄弟爻，在用神不現的不得已情況下，只得查找伏神。查找的結果，分別有兄弟寅木伏於二爻父母亥水之下，以及四爻子孫午火伏於四爻父母亥水之下。

今以此兩伏神為例，今兄弟寅木受到二爻父母亥水，臨日建來生扶，伏神氣數得到增強；反觀另一傳神子孫爻午火，則受到四爻父母亥水臨日建來剋制，伏神嚴重受傷，兩者氣數一增一減，吉凶立判。一者可以等待時機，趁勢而為；一者則諸事不順，必須另謀打算。以下再舉一個實例，來說明伏神與飛神之間，由於生剋關係的不同，所帶來的吉凶差異。

六神	伏神	本卦 兌宮：雷山小過			變卦 震宮：雷地豫	
騰蛇		父母庚戌土	▅▅　▅▅		父母庚戌土	▅▅　▅▅
勾陳		兄弟庚申金	▅▅　▅▅		兄弟庚申金	▅▅　▅▅
朱雀	子孫丁亥火	官鬼庚午火	▅▅▅▅▅	世	官鬼庚午火	▅▅▅▅▅
青龍		兄弟丙申金	▅▅▅▅▅		O→妻財乙卯木	▅▅　▅▅
玄武	妻財丁卯木	官鬼丙午火	▅▅　▅▅		官鬼乙巳火	▅▅　▅▅
騰蛇		父母丙辰土	▅▅　▅▅	應	父母乙未土	▅▅　▅▅

〔實例二〕

國曆起卦時間：2012年4月10日19時30分

農曆：壬辰年三月二十日戌時

壬辰年　甲辰月　辛丑日　戊戌時

（日空：辰巳）

以此雷山小過卦言，要問測子女的相關事務，則必須以子孫爻為用神，在此卦中，必須查找伏神，經查找，子孫爻為亥水，伏於四爻官鬼午火之下。飛神與伏神之間的關係為伏神來剋制飛神，古籍有云「伏剋飛則出暴，飛剋伏則受傷不寧」，這種情形，肯定應凶。

假設要問測有關於投資求財事項，則必須以妻財爻為用神，在這卦中一樣沒有妻財爻，必須要找伏神。

查找之下，有妻財爻卯木伏於二爻官鬼午火之下。此為伏神卯木來生飛神午火之情形，此為洩氣，氣數消滅，求財不遂之象。不論是問測子女或是求財，其結果都是不吉，然兩者在實際情形上卻有不同。以妻財卯木爻言，只是所求不得而已；子孫亥水剋官鬼午火，又臨朱雀，因此，除了問測之事不吉之外，還有口舌、糾紛之事困擾。也就是說，兩者應凶的程度不同。以下再舉一事例，來說明相關的斷卦綱領。

六神	伏神	本卦 兌宮：地山謙			變卦 兌宮：水山蹇	
白虎		兄弟癸酉金	▅▅ ▅▅		子孫戊子水	▅▅ ▅▅
騰蛇		子孫癸亥水	▅▅ ▅▅	世 X→	父母戊戌土	▅▅▅▅▅
勾陳		父母癸丑土	▅▅ ▅▅		兄弟戊申金	▅▅ ▅▅
朱雀		兄弟丙申金	▅▅▅▅▅		兄弟丙申金	▅▅▅▅▅
青龍	妻財丁卯木	官鬼丙午火	▅▅ ▅▅	應	官鬼丙午火	▅▅ ▅▅
玄武		父母丙辰土	▅▅ ▅▅		父母丙辰土	▅▅ ▅▅

【實例三】

國曆起卦時間：2012年12月8日11時28分

農曆：壬辰年十月二十五日午時

壬辰年　壬子月　癸卯日　戊午時

（日空：辰巳）

以此地山謙卦言，如果一屬牛之人來問測有關投資求財之事，今六爻卦中並無用神妻財爻，在這種情形之下，只能查找伏神，經查找伏神為妻財卯木臨日建，落於二爻官鬼午火之下。就飛神與伏神之間的生剋關係論，為伏神生飛神洩氣，不吉。但仔細看，飛神官鬼午火，就五行旺衰言，於子月走死地，更為關鍵的是，子午相沖，故午火臨月破。飛神月破，則伏神得出，因此，情形有所不同。伏神得出，則與其他各爻一樣，能產生作用，然此為妻財爻卯木來剋制求測人之情形，求財不利之象，此事應凶。讀者們宜留意這種細微之處，在為人斷卦時，才能有效而準確地將事情的發展脈絡予以揭示。

十三 我的世界沒有你：空亡

在前面已經詳述了六十花甲子的排列方式，接下來要闡釋六爻卦中非常重要的「空亡」理論。首先，要瞭解何謂「空亡」？其次還要進一步說明「空亡」在六爻斷卦時的作用。要知道什麼是「空亡」，必須從干支的排列著眼，茲先將干支排列，揭示如下，以利於解釋。

六十花甲子干支排列

甲子旬：甲子乙丑丙寅丁卯戊辰己巳庚午辛未壬申癸酉

甲戌旬：甲戌乙亥丙子丁丑戊寅己卯庚辰辛巳壬午癸未

甲申旬：甲申乙酉丙戌丁亥戊子己丑庚寅辛卯壬辰癸巳

甲午旬：甲午乙未丙申丁酉戊戌己亥庚子辛丑壬寅癸卯

甲辰旬：甲辰乙巳丙午丁未戊申己酉庚戌辛亥壬子癸丑

甲寅旬：甲寅乙卯丙辰丁巳戊午己未庚申辛酉壬戌癸亥

我們知道，天干共有十個，地支則有十二個。因此，所謂的空亡，也就是在排列上，多出來而無法與天干相組合在一起的兩個地支。以甲子旬為例，從天干甲開始與地支子相配，接著分別是乙丑、丙寅、丁卯……，一直到癸酉為止，十個天干已經完全排完，然而在地支部分，尚餘戌與亥兩個地支沒有排列進去，因此，我們就說，在甲子這一旬中，戌和亥是空亡，也就是在甲子旬的隊伍中，是沒有戌、亥存在的。

而在甲午旬中，自地支午開始排列，到了地支卯，所有天干用罄，尚有辰、巳沒有排列進去，也就是在甲午這行伍當中，沒有辰與巳，因此，我們就稱甲午旬中，辰、巳空亡。其餘皆同理。因此，總結而言，則甲子旬中，戌、亥空亡；甲戌旬中申、酉空亡；甲申旬中午、未空亡；甲午旬中辰、巳空亡；甲辰旬中寅、卯空亡；甲寅旬中子、丑空亡。此即一般古籍中所謂的六甲空亡。這裡要加以說明的是，空亡的查找，一律要以日柱干支為基準，這點非常關鍵，宜留意。

兌宮：雷澤**歸妹**（歸魂）　　艮宮：火澤**睽**

六神	伏神	本卦			變卦	
玄武		父母戌土	▅▅　▅▅	應	X→官鬼巳火	▅▅▅▅▅
白虎		兄弟申金	▅▅　▅▅		父母未土	▅▅　▅▅
騰蛇	子孫亥水	官鬼午火	▅▅▅▅▅		兄弟酉金	▅▅▅▅▅
勾陳		父母丑土	▅▅　▅▅	世	父母丑土	▅▅　▅▅
朱雀		妻財卯木	▅▅▅▅▅		妻財卯木	▅▅▅▅▅
青龍		官鬼巳火	▅▅▅▅▅		官鬼巳火	▅▅▅▅▅

空亡在判斷上的運用

空亡在六爻卦的判斷上，具有氣數不足以及落空等意涵。是故空亡所對應之信息，一般而言，凶而不凶，吉而不吉。因此，吉利的、好的信息，最好不要空亡；反之，若是凶厄的、壞的信息，最好落空亡。

舉例來說

【實例一】

干支：庚寅年　乙酉月　乙酉日　辛巳時（日空：午未）

神煞：驛馬—亥　桃花—午　日祿—卯　貴人—子，申

如果有一民國六十七年生，生肖屬馬的人，於此時空前來問卦，想問測公司此次升遷，自己有無機會。

六神	伏神	本卦 火天大有（歸魂）		變卦 火風鼎
青龍		官鬼巳火 ━━━━	應	官鬼巳火 ━━━━
玄武		父母未土 ━━ ━━		父母未土 ━━ ━━
白虎		兄弟酉金 ━━━━		兄弟酉金 ━━━━
騰蛇		父母辰土 ━━━━	世	兄弟酉金 ━━━━
勾陳		妻財寅木 ━━━━		子孫亥水 ━━━━
朱雀		子孫子水 ━━━━		O→父母丑土 ━━ ━━

公司升遷之事，要取官鬼爻為用神。今求測人之信息落於第四爻，本身臨官鬼，於求官升遷之事大大有利，但仔細看，求測之日為乙酉日，乙酉日屬於甲申旬，甲申旬中午、未空亡，因此，官運之事有落空亡象，故此時可以這麼斷，就是這次升遷機會濃厚，但最後出現其他干擾因素，欠缺臨門一腳，最終擦身而過，沒能升得上去。如此斷卦的原因就在於用神臨空亡之故。以下再舉一例說明。

【實例二】

干支：辛卯年　甲午月　丁酉日　乙巳時（日空：辰巳）

神煞：驛馬—亥　桃花—午　日祿—午　貴人—酉，亥此時若有一個民國四十六年生，生肖屬雞之人前來問卦，想要問測身體疾病相關事項。問測疾病之事，要取官鬼爻為用神。此時求測人信息落於第四爻，臨白虎凶神，不吉，且又有官鬼爻巳火來剋，不利。但仔細分析，求測之日為丁酉日，丁酉日屬於甲午旬，在甲午旬中，辰、巳空亡，官鬼爻巳火臨空亡反而是好事，因此，可以推斷雖然身體健康方面，有不適卻無大礙，更沒有什麼凶險。判斷的原因就在於凶厄的信息落於空亡之處，凶而不凶。

十四　貴人在何方：神煞

不論在梅花易數與六爻卦的體系當中，神煞都是一個不容忽視的重要信息參考系統。神煞的種類繁多，認真說來，超過百種，然而，在我們實際為人斷卦時，並不需要用到那麼多神煞。常用的神煞包括了天乙貴人、桃花、將星、華蓋、驛馬、病符、天醫、生氣、死神、死氣、災煞等。這些神煞各自代表了一些獨特的意義，在為人卜卦問事時，都可以提取出有用的訊息來。

舉例來說，在為人測事論命時，求測者常常提出的一個問題是：我什麼時候會有變動？所謂的變動包含的層面很廣，舉凡搬家、升職、遷調、換工作等等，都屬於變動的範疇。做為一個優質的命理諮詢師，就要在卦中，為其找尋變動的訊息，讓他可以及早準備、因應。

在六爻卦中，一個非常重要的神煞——驛馬，或稱為馬星，就是我們為人論命時，找尋變動信息的重要依據。凡查找神煞時，一般都以日柱干支為主，來查找神煞的訊息。查找驛馬的口訣如下。

驛馬查找口訣：

申子辰馬在寅，寅午戌馬在申。巳酉丑馬在亥，亥卯未馬在巳。

也就是說逢求測日是地支逢申子辰的日子，則寅木就臨驛馬。若求測之日為寅午戌日，則申金就是當日的驛馬。如果求測日的日柱屬於巳酉丑日，則亥水就是驛馬。若求測日是亥卯未日，則巳火就臨驛馬。事實上，此一驛馬神煞，不只適用於六爻體系，舉凡八字論命體系、梅花易數、大六壬、奇門遁甲，皆一體適用。其他神煞亦然。

再舉例來說，求測者如果提出有關感情方面的問題，例如什麼時會有新戀情？或者交往對象對於感情的態度是否專一等問題，都屬於感情的範疇。此時「桃花」就是一個非常有用的神煞。

桃花查找口訣：

申子辰桃花在酉，寅午戌桃花在卯。巳酉丑桃花在午，亥卯未桃花在子。

口訣的意思也就是說，當求測日的地支是申、子、辰時，則酉金就逢桃花。若求測日的地支是寅、午、戌時，則卯木就臨桃花。如果求測日的地支巳、酉、丑，則午火就逢桃花。倘若求測日的地支是亥、卯、未時，則子水就臨桃花。

另外，常有求測人提問，我最近有沒有貴人，或者在從事這件事情時，有沒有貴人相助，這時，就要查找「天乙貴人」這個神煞。其查找方式如下：

天乙貴人查找口訣：

甲戊庚牛羊，乙己鼠猴鄉。丙丁豬雞位，壬癸蛇兔藏，六辛逢馬虎，此是貴人方。命中如遇此，定作紫微郎。

天乙貴人的查找要以求測日的日干為基準，當求測日的日干是甲日、戊日、庚日時，則丑土（牛）與未土（羊）就逢貴人。逢乙日與己日求測，則子水（鼠）與申金（猴）就臨貴人。丙日與丁日求測，則遇到亥水（豬）與酉金（雞）就是貴人。壬、癸之日求測，則巳火（蛇）與卯木（兔）逢貴人。辛日求測，則午火（馬）與寅木（虎）為貴人。

另外，當有人問及近期有無意外災害或是特別需要小心留意的地方時，「灾煞」就是一個非常有用的神煞。其查找方法如下：

灾煞查找口訣：

申子辰見午為灾煞，寅午戌見子為灾煞。巳酉丑見卯為灾煞，亥卯未見酉為灾煞。

當求測日是地支逢申、子、辰的日子，則午火就臨灾煞。若求測之日是寅、午、戌日，則子水就是當日的灾煞。如果求測日的日支為巳、酉、丑，則卯木就逢灾煞。若求測日的地支是亥、卯、未，則酉金就臨灾煞。

此外，在斷卦時，還有一個常用的神煞——將星，其查找方法如下：

將星查找口訣：

申子辰見子，寅午戌見午。巳酉丑見酉，亥卯未見卯。

求測日是地支逢申、子、辰的日子，則子水逢將星。若求測之日是寅、午、戌日，則午火就是將星。而如果求測日的地支屬巳、酉、丑日，則酉金就是將星。如果求測日是亥、卯、未日，則卯木就逢將星。此外，華蓋也是一個在預測時，常用的神煞，其查找方法如下：

華蓋查找口訣：

申子辰見辰為華蓋，寅午戌見戌為華蓋。巳酉丑見丑為華蓋，亥卯未見未為華蓋。

求測逢申、子、辰日，則辰土臨華蓋。求測日為寅、午、戌日，則戌土逢華蓋。如果求測日為巳、酉、丑日，則丑土就臨華蓋。若求測日為亥、卯、未日，則未土就逢華蓋。

求測者如果問測有關身體疾病方面的問題，則「病符」就是一個非常有用的神煞。所謂「病符」就是舊年太歲。例如今年為癸巳年，則去年的太歲辰就臨病符，到了明年甲午年，則巳火就是病符，依此理類推。以下就透過一個六爻卦的實例，來說明如何運用神煞的查找方法。

		坎宮：澤火革		兌宮：澤山咸
六神	伏神	本卦		變卦
白虎		官鬼丁未土 ⚋		官鬼丁未土 ⚋
騰蛇		父母丁酉金 ⚊		父母丁酉金 ⚊
勾陳		兄弟丁亥水 ⚊	世	兄弟丁亥水 ⚊
朱雀	妻財戊午火	兄弟己亥水 ⚊		父母丙申金 ⚊
青龍		官鬼己丑土 ⚋		妻財丙午火 ⚋
玄武		子孫己卯木 ⚊	應	O→官鬼丙辰土 ⚋

〔實例〕

國曆起卦時間：2013年3月8日15時28分

農曆：癸巳年正月二十七日申時

癸巳年　乙卯月　癸酉日　庚申時

（日空：戌亥）

在上面這個六爻卦當中，從神煞的角度來看，求測日為癸酉日，從日柱干支來查找，為巳酉丑馬在亥，則本卦的三爻與四爻，皆臨驛馬星。今年為癸巳年，則變卦之初爻為辰，為去年太歲，因此，臨病符。再從日柱干支來查，巳酉丑見丑為華蓋，則我們可以說，若有屬牛的人來問測，則今天屬牛的人臨華蓋這個神煞。

巳酉丑見酉為將星，因此，五爻酉金臨將星；又巳酉丑見卯為災煞，因此，今天若有屬兔的人問測，那麼他就臨災煞。又依口訣壬癸蛇兔藏，則初爻卯木亦臨天乙貴人。

再依據口訣巳酉丑見午為桃花，因此，在此卦中，則變卦中的二爻與本卦三爻之下的伏神皆臨桃花。不同的是，變卦二爻是在明面上的桃花，而伏神的桃花則是檯面下的桃花，而且受到上面三爻亥水的剋制，此一桃花受到外在力量的壓制，氣數不足。

神煞系統的信息是六爻卦體系當中，一個非常重要的參考系統。在六爻卦的論斷中，神煞的查找就是按照上述的方法進行。當有與求測人所求測事項之相關神煞出現時，我們就可以將神煞所代表的各種信息引入判斷中，讓我們的斷卦內容更為細緻準確。

十五 我的現實處境：十二狀態

天干十二狀態是命理預測中非常重要的內容，是舉凡八字、六爻卦、大六壬、奇門遁甲等數術模式在內，在判斷上非常重要的信息系統。它重點標示了某天干的氣數狀態，其具體內容指的是「長生、沐浴、冠帶、臨官、帝旺、衰、病、死、墓、絕、胎、養」等十二種狀態概念。首先，十天干必須區分陰與陽。

甲、丙、戊、庚、壬為陽干，皆順行：

甲為陽木，以亥為長生、子沐浴、丑冠帶、寅臨官、卯帝旺、辰衰、巳病、午死、未墓庫、申絕、酉胎、戌養。

丙陽火戊陽土，以寅為長生、卯沐浴、辰冠帶、巳臨官、午帝旺、未衰、申病、酉死、戌墓庫、亥絕、子胎、丑養。

庚陽金，以巳為長生、午沐浴、未冠帶、申臨官、酉帝旺、戌衰、亥病、子死、丑墓庫、寅絕、卯胎、辰養。

壬陽水，以申為長生、酉沐浴、戌冠帶、亥臨官、子帝旺、丑衰、寅病、卯死、辰墓庫、巳絕、午胎、未養。

乙、丁、己、辛、癸為陰干，皆逆行：

乙陰木長生在午，逆行巳為沐浴、辰冠帶、卯臨官、寅帝旺、丑衰、子病、亥死、戌墓庫、酉絕、申胎、未養。

丁陰火己陰土，長生在酉，逆行申為沐浴、未冠帶、午臨官、巳帝旺、辰衰、卯病、寅死、丑墓庫、子絕、亥胎、戌養。

辛陰金，長生在子，逆行亥為沐浴、戌冠帶、酉臨官、申帝旺、未衰、午病、巳死、辰墓庫、卯絕、寅胎、丑養。

癸陰水，長生在卯，逆行寅為沐浴、丑冠帶、子臨官、亥帝旺、戌衰、酉病、申死、未墓庫、午絕、巳胎、辰養。今將具體之內容列表如下：

	長生	沐浴	冠帶	臨官	帝旺	衰	病	死	墓	絕	胎	養
甲	亥	子	丑	寅	卯	辰	巳	午	未	申	酉	戌
乙	午	巳	辰	卯	寅	丑	子	亥	戌	酉	申	未
丙	寅	卯	辰	巳	午	未	申	酉	戌	亥	子	丑
丁	酉	申	未	午	巳	辰	卯	寅	丑	子	亥	戌
戊	寅	卯	辰	巳	午	未	申	酉	戌	亥	子	丑
己	酉	申	未	午	巳	辰	卯	寅	丑	子	亥	戌
庚	巳	午	未	申	酉	戌	亥	子	丑	寅	卯	辰
辛	子	亥	戌	酉	申	未	午	巳	辰	卯	寅	丑
壬	申	酉	戌	亥	子	丑	寅	卯	辰	巳	午	未
癸	卯	寅	丑	子	亥	戌	酉	申	未	午	巳	辰

此天干十二狀態在記憶上有簡便之方法可循，首先，只要記住各天干的長生之處，其餘則依據陽干順行，陰干逆行即可。其次，陽干長生於寅申巳亥，而陰干長生於子午卯酉。

此外，其規律為陽生陰死，陰死陽生。如甲木長生在亥，乙木則死在亥，反之，乙木長生在午，甲木則死在午；又如庚金長生在巳，辛金則死在巳，反之辛金長生在子，則庚金死在子，餘皆依此類推。

天干十二狀態的原始意義如下：

長生：如人之初生或植物發芽一樣。
沐浴：人出生後沐浴去垢，或如果芽脫青殼一般。
冠帶：人長大必有禮服以成，如蛹成蝴蝶一樣。
臨官：人到壯年，必須治事一般。
帝旺：人的體力、智力、事業發展到最高階段。
衰：物極必反，開始走下坡。
病：衰盛則病，已無力氣。
死：氣盡元絕。
墓：造物收藏，各歸其庫。

絕：前氣已絕，後氣將續。
胎：後氣繼續，結聚成胎。
養：如人養胎於母腹中一樣。

十二狀態的查找方法，要以四值中的日干為基準來查找。舉例來說，如果求測日是丙子日，則要以丙為基準來查十二狀態，此時則寅木為長生，卯木為沐浴，辰土為冠帶，依次類推；而如果求測日為丁酉日，則必須以日干丁火為基準來查找，則未土為長生，午火為沐浴，巳火為冠帶，依序類推。

舉例來說，當我們為人斷卦時，命主父母爻臨長生，父母爻主工作方面的信息，而長生為新生狀態，為新的開端，總合而言，我們可以論斷命主換了一個新的工作。

又好比說有一個女人前來問測，其信息面臨官鬼爻，又同時臨十二狀態之沐浴，兩相結合，則我們可以推斷她正面臨到男女情感方面的問題。而如果其信息臨官鬼，但同時卻臨十二狀態之病地，則兩者結合之下，更能肯定此事與其身體健康問題有關聯。其他皆依此理類推，因此，天干十二狀態是命理中非常重要的信息參照系統。它除了標示出某天干的氣數狀態，更可以讓我們在為人論命斷卦時，提取很多有用的資訊。

十六 破局的力量：日破與月破

前面的章節中已經闡釋了月建與日辰的觀念。而在六爻卦當中，地支之間的相沖是一個重要概念。其具體情形是：子午相沖，丑未相沖，寅申相沖，卯酉相沖，辰戌相沖，巳亥相沖。按照順序言，則從某地支起算，逢七則為相沖關係，如地支子為一，則七為午，子午相沖；從地支丑起算，則算至第七位為未，此為丑未相沖，其他情形依此類推。其實亦可將十二地支依順序拆成兩組如下：

六沖圖表

子丑寅卯辰巳
午未申酉戌亥

依此排列，則左右兩兩相沖。在一個六爻卦當中，如果受到月建來沖，則稱之為「月破」，而受到日辰來沖，則稱之為「日破」。當然，就日辰言，受沖之爻旺相或休囚，會有日破以及暗動等不同之情形，此一觀念留待以後的章節再仔細闡述。

舉例來說，如果求測日是卯月，則卯就要來沖酉，此時酉即為月破；如果在申月求測，則寅即為月破。如果求測日為亥日，則巳即為日破；如果求測日之日辰是午，則子即為日破。月破之爻，誠如古籍所言，即如「枯根朽木，逢生生之不起，逢傷傷者更重，雖現於卦，有亦如無。」也就是說，如果在六爻卦中，有爻受到月令之沖，則此爻即無法受生，等如枯木一般，無法發揮作用。日破之爻亦同論。

	乾宮：火天**大有**			離宮：火風**鼎**	
	本卦			變卦	
青龍	官鬼己巳火	⚊	應	官鬼己巳火	⚊
玄武	父母己未土	⚋		父母己未土	⚋
白虎	兄弟己酉金	⚊		兄弟己酉金	⚊
騰蛇	父母甲辰土	⚊	世	兄弟辛酉金	⚊
勾陳	妻財甲寅木	⚊		子孫辛亥水	⚊

〔實例一〕

國曆起卦時間：2013年3月22日9時37分

癸巳年　乙卯月　丁亥日　乙巳時

（日空：午未）

在這個起出的六爻卦當中，求測時間為卯月，卯酉相沖，因此，四爻兄弟酉金以及變卦當中的三爻與四爻，皆為月破。求測日為亥日，巳亥相沖，因此，上爻巳火即為日破。

〔實例二〕

國曆起卦時間：2012年11月23日15時37分

壬辰年　辛亥月　戊子日　庚申時

（日空：午未）

艮宮：天澤履				艮宮：風澤中孚	
六神	本卦			變卦	
朱雀	兄弟壬戌土	▅▅▅▅▅		官鬼辛卯木	▅▅▅▅▅
青龍	子孫壬申金	▅▅▅▅▅	世	父母辛巳火	▅▅▅▅▅
玄武	父母壬午火	▅▅▅▅▅		O→兄弟辛未土	▅▅　▅▅
白虎	兄弟丁丑土	▅▅　▅▅		兄弟丁丑土	▅▅　▅▅
螣蛇	官鬼丁卯木	▅▅▅▅▅	應	官鬼丁卯木	▅▅▅▅▅
勾陳	父母丁巳火	▅▅▅▅▅		父母丁巳火	▅▅　▅▅

在上面這個六爻卦當中，由於求測的月建為亥月，亥要來沖巳，因此。初爻父母巳火為月破。而測卦之日為戊子日，子要來沖午，因此，在這卦中，四爻午火為日破。

伍．結果是吉還是凶——判斷秘訣

一 易經占卜斷卦法

易簡在前面的占卜教學相關文章中，即大衍篇以及金錢卦篇，易簡已經將占卜的兩種起卦方法闡述清楚。接下來要將如何斷卦方法全盤托出，讓有興趣的網友都能學會如何斷卦。

由於起好卦之後，情形各不相同，有時全卦沒有一個變爻，有時六爻皆變。有時兩個變爻，有時則有四個變爻……。因此，自古以來，關於如何判斷，如何解卦，說法相當紛歧，在這裡，易簡採用朱熹的《易學啟蒙》所揭櫫方法加以整理及簡化如下：

一、凡卦六爻皆不變，則占本卦彖辭。

意指六爻都沒有變的情形下，則以本卦的卦辭來判斷。

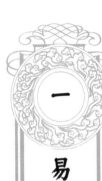

二、一爻變，則以本卦變爻辭占。

意指六爻之中只有一爻變，以本卦之變爻來斷事之吉凶。

三、二爻變，則以本卦二變爻辭占，仍以上爻為主。

意謂六爻當中有兩個變爻，則以本卦變爻的上爻爻辭為主來判斷。

四、三爻變，則占本卦及之卦之彖辭，而以本卦為貞，之卦為悔。

意指六爻之中有三個變爻，則依本卦及變卦之卦辭做主，綜合參斷。

五、四爻變，則以之卦二不變爻占，仍以下爻為主。

意謂六爻當中出現四個變爻時，要以變卦中不變的二爻中的下爻爻辭作為判斷依據。

六、五爻變，則以之卦不變爻占。

意指六爻中出現五個變爻，則以變卦不變的那一爻來判定吉凶。

七、六爻變，則乾坤占二用，餘卦占之卦彖辭。

意謂六爻皆變的情形下，如果占得乾坤二卦，則乾卦以其「用九」，坤卦以其「用六」之內容來斷，其餘的六十二卦則以變卦的彖辭來斷卦。以下依例以兩個實際的例子來予以說明。

〔實例一〕

例一：一爻變之例，本例初爻變

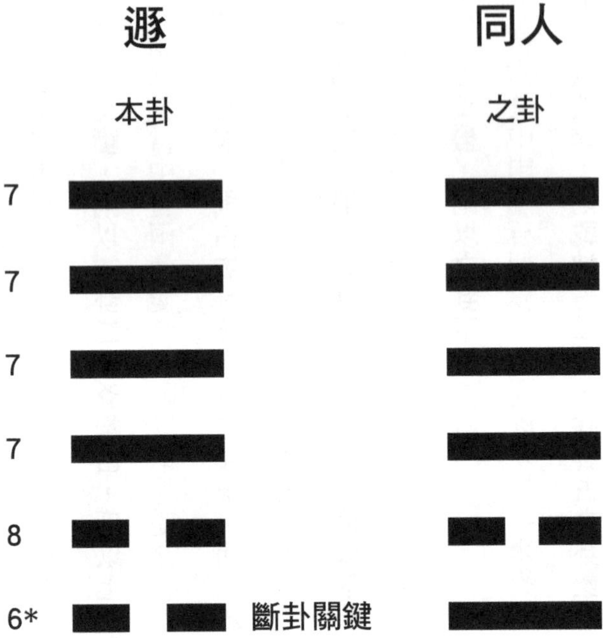

例本卦為天山遯卦，初爻變，之卦為天火同人卦。依據上面之綱領「一爻變，則以本卦變爻辭占。」因此，必須以本卦初爻之爻辭做為吉凶占斷之依據。

今遯卦之卦意為退避之意，說明事情發展可能受到阻礙，必須暫行退避，以待來日。今查找遯卦初爻爻辭為「初六，遯尾；厲，勿用有攸往」，其意思指退避不及而落於末尾；有危險，不宜有所前往。

綜合以上信息，則可以清楚地知道所問測的事件不吉，並不會有好的結果。因此，此時不宜冒進，必須稍作退避，略微等待。等待相關環境或條件有所變化，再來謀求此事。

〔實例二〕

例二：四爻變之例，本例二爻及六爻不變

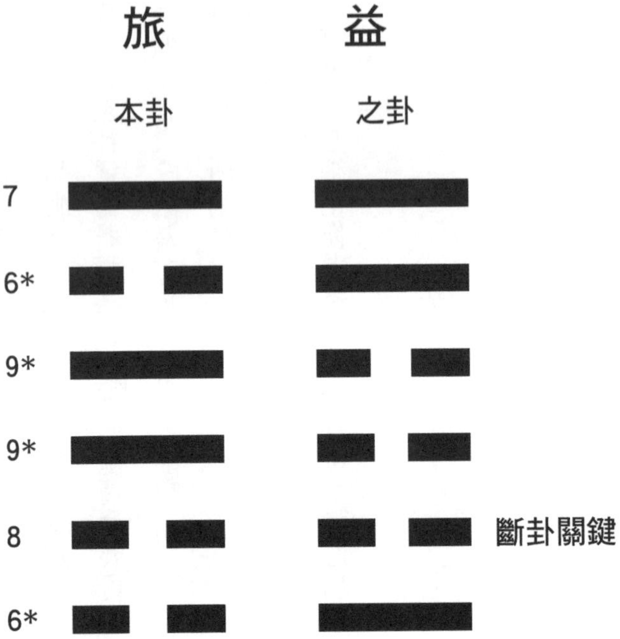

此例本卦為火山旅卦，在這個六爻卦中，有初爻、三爻、四爻、五爻共四爻變，之卦為風雷益卦。依據上面之綱領「四爻變，則以之卦二不變爻占，仍以下爻為主。」因此，則必須以變卦益卦中不變的二爻中的下爻爻辭，做為判斷吉凶之依據。

今火山旅卦象徵行旅，而風雷益卦象徵增益之意。今查找變卦中不變的下爻，也就是益卦二爻，其爻辭為「或益之十朋之龜，弗克違，永貞吉；王用享於帝，吉。」爻辭的意思是指有人賞賜價值非凡的大寶龜，無法辭謝，永久守正堅持可以獲得吉祥；此時君王正在舉行獻祭天帝，祈求降福，吉祥。

綜合上述意涵，可以知道，所問測之事可以獲得吉祥的結果，而且可能會獲得來自外面貴人之相助，因此，此事只要守正堅持下去，必能獲致好的結果。透過這兩個實例的詳細說明，各位朋友只要多加練習，相信不久之後，都能學會占卜斷卦。

二 梅花易數斷卦綱領

在一個梅花易數卦中，乃是以不帶動爻之靜卦為體，代表求測之人；以帶動爻之動卦為用，代表所測問之事。梅花易數在斷卦上，要以體與用之間的生剋關係為主軸，來決定問測事情的吉凶與成敗。

以體卦與用卦之生剋關係來區分，大致可以將問測的結果分成以下三大類。用生體與體用比和為吉，體生用與用剋體為凶，體剋用則吉凶互見，需要仔細參詳。以下分別說明之。

吉

一、用生體：帶有動爻之動卦來生扶不帶動爻之靜卦的情形。在此種情形之下問測之事可成。此所謂用生體「有進益之喜，萬事如意」。請參考以下的實例解說。

〔實例一〕山地剝卦

山天大畜

此卦五爻為動爻，故上卦為動卦，為用，代表所問測之事；下卦為靜卦，為體，則代表問測之人。上卦為艮，五行屬土；下卦為乾，五行屬金，故就體用生剋關係言，為用卦土來生扶體卦金，屬於用生體之狀況，結果吉利，謀求之事可成。

二、**體用比和**：帶有動爻之動卦與不帶動爻之靜卦之間的五行相比和。在這種狀況下，所問測之事亦可成。此所謂體和比和則「萬事順暢，事易成」。以下即以實例說明此種情形。

〔實例二〕風雷益卦

風雷**益**

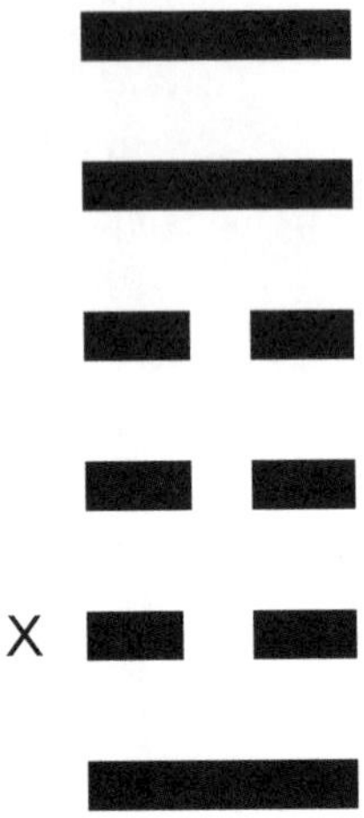

此卦以二爻為動爻，故動卦為下卦，為用，代表所問測之事；上卦則為靜卦，為體，則代表問測之人。上卦為巽，五行屬木；下卦為震，五行亦屬木，故就體用生剋關係言，為用卦與體卦五行相同，屬於體用比和之情形，結果吉利，問測之事可成。

凶

三、體生用：不帶動爻之靜爻來生帶有動爻之動爻，造成自身能量之耗洩。在此一情形之下，所問測之事不宜冒進，前景不佳。此所謂體生用「有耗損之患，萬事不宜」。

請看以下的實例說明。

〔實例三〕火山旅卦

火山旅

此卦以二爻為動爻，故以下卦為動卦，為用，代表所問測之事；上卦則為靜卦，為體，則代表問測之人。此卦上卦為離，五行屬火；下卦為艮，五行屬土，故就體用生剋關係言，為體卦生用卦，屬於體卦受到用卦耗洩之情形，結果不吉，問測之事難成，不宜冒進。

四、用剋體：帶有動爻之動卦來剋制不帶動爻之靜卦，造成靜卦受到傷害。此種情形之下，則問測之事充滿荊棘凶險，切莫躁進，動則有凶。此所謂用剋體「萬事莫為，百事難成」。以下就舉實例來說明。

〔實例四〕地風升卦

地風升

此卦以二爻為動爻，因此，要以下卦為動卦，為用，代表所問測之事；上卦為靜卦，為體，則代表問測之人。此卦上卦為坤，坤卦五行屬土；下卦為巽卦，五行屬木，故就體用生剋關係言，為用卦來剋制體卦之情形，結果非常不吉，問測之事不成。

吉凶互見

五、**體剋用**：即不帶動爻之靜卦來剋制帶有動爻之動卦，此時必須結合時令之旺衰，以判定相剋的吉凶結果。如果是體旺而用弱之態勢，則事情可以成功；反之，若是體弱用旺之情形，則事情難以成就。請讀者參考以下的實例即可明瞭。

〔實例五〕水山蹇卦

此卦以二爻為動爻，因此，要以下卦為動卦，為用，代表所問測之事；上卦則為靜卦，為體，則代表問測之人。此卦上卦為坎卦，五行屬水；下卦為艮卦，艮卦五行屬土，故就體用生剋關係言，為體卦來剋制用卦之情形，就五行言，為土來剋水，其吉凶結果，則要視彼此的旺衰來決定，而旺衰又與節令相關聯。

舉個例子來說，如果此事在冬天來問測，則以冬天言，為水旺，木相，金休，土囚，火死。因此，在這個時節，休囚之土難以剋制旺相之水，因此，問測之事難成。但設若此事在夏天來問測，則夏天五行之旺衰分別為火旺，土相，木休，水囚，金死，則此時節乃為旺相之土來剋制休囚之水，強行征服，則所求之事可成。

「大道至易，大道至簡」。梅花易數在此充分地體現了卜筮之學至易至簡之道。只要徹底熟悉上述的體用生剋關係，進而掌握梅花易數的占斷綱領，則必能對於所問之事的發展氣數與最終結果，瞭然於胸，真正達到「卜以決疑」的境地。

三 六爻卦的判斷秘訣

在梅花易數卦中，大致上要以體與用之間的生剋關係為主軸，來決定問測事情的吉凶與成敗。而在六爻卦的占斷體系中，必須先確立用神為何，進而將判斷關鍵聚焦於求測人與用神之間的生剋關係。

設若用神來生扶或比助求測人，則求測之事吉利；如果用神來剋制或耗洩求測人，則問測之事難成。這是核心的綱領，除此之外，還要重點考量有無空亡、月破等狀況，如此則能使斷卦更加準確，除此之外，如果能將六神、十二狀態、神煞體系等訊息都能仔細分析，則必能將事件發展的各種細節，予以揭露，讓自己斷卦的能力更上一層樓。以下即透過實際的例子，將六爻卦的斷卦技巧，分別說明之。

乾宮：火天大有（歸魂） 離宮：火風鼎

六神	伏神	本卦			變卦	
青龍		官鬼己巳火	▅▅▅▅▅	應	官鬼己巳火	▅▅▅▅▅
玄武		父母己未土	▅▅ ▅▅		父母己未土	▅▅ ▅▅
白虎		兄弟己酉金	▅▅▅▅▅		兄弟己酉金	▅▅▅▅▅
騰蛇		父母甲辰土	▅▅▅▅▅	世	兄弟辛酉金	▅▅▅▅▅
勾陳		妻財甲寅木	▅▅▅▅▅		子孫辛亥水	▅▅▅▅▅
朱雀		子孫甲子水	▅▅▅▅▅	O→	父母辛丑土	▅▅ ▅▅

〔實例一〕火天大有卦

辛卯年甲午月　丁酉日　乙巳時（日空：辰巳）

如果現在有一民國五十六年生，生肖屬羊的人，想做買賣求財，來測問財運如何？則問測財運要取妻財爻為用神，今妻財爻為寅木，寅木要來剋制求測人之未土，故求財不利；如果今天有民國六十一年次，生肖屬鼠的人，人也來問測財運，則妻財爻寅木要來盜洩求測人子水之力量，子水耗損，因此，求測財運亦不利。

同理，以此卦來說，如果有一民國五十五年生，生肖屬蛇的人來問測工作運，則工作運要取父母爻為用神，今一來求測人巳火臨空亡，又加上父母爻辰土、未土要來耗損巳火能量，則可以斷定工作運不佳。以下再舉一個例子來說明。

六神	伏神	本卦：風火家人			變卦：風雷益	
螣蛇		兄弟辛卯木	———		兄弟辛卯木	———
勾陳		子孫辛巳火	———	應	子孫辛巳火	———
朱雀		妻財辛未土	— —		妻財辛未土	— —
青龍	官鬼辛酉金	父母己亥水	———		O→ 妻財庚辰土	— —
玄武		妻財己丑土	— —	世	兄弟庚寅木	— —
白虎		兄弟己卯木	———		父母庚子水	———

〔實例二〕風火家人卦

辛卯年壬辰月　辛丑日　癸巳時（日空：辰巳）

如果有一民國六十四年生，生肖屬兔的人問工作方面的事，問測他想調換工作，現在時機如何，調動之後，是否能夠比較好？

工作之事宜取父母爻為用神，求測日為辛丑日，從日柱來查找，巳酉丑馬在亥，故父母爻亥水臨驛馬星，且來生扶求測人之卯木，因此，調動對求測人有利，可以積極布局調動之事。但現在時機比較不利，因為亥五行屬水，現在處於休囚狀態，秋冬之後，水的氣數漸旺。因此，建議求測人待秋冬之際，再找新工作比較有利。

以此卦言，如果有一民國七十年次，生肖屬雞之

六神	伏神	兌宮：澤地萃 本卦			兌宮：澤水困 變卦	
白虎		父母丁未土	▅▅▅▅▅		父母丁未土	▅▅▅▅▅
騰蛇		兄弟丁酉金	▅▅▅▅▅	應	兄弟丁酉金	▅▅▅▅▅
勾陳		子孫丁亥水	▅▅　▅▅		子孫丁亥水	▅▅　▅▅
朱雀		妻財乙卯木	▅▅▅▅▅		官鬼戊午火	▅▅　▅▅
青龍		官鬼乙巳火	▅▅　▅▅	世	X→ 父母戊辰土	▅▅　▅▅
玄武		父母乙未土	▅▅▅▅▅		妻財戊寅木	▅▅▅▅▅

人前來問測相同問題，則求測人酉金居於父母爻亥水之下，亥臨驛馬星。驛馬主變動今亥水為飛神來耗洩求測人伏神酉金，因此，調動對求測人不利，則可以建議他暫時不要考慮調動之事。

〔實例三〕澤地萃卦

壬辰年　壬寅月　壬寅日　乙巳時（日空：辰巳）

如果現在有一民國五十六年生，生肖屬羊的人，來問測自己能否升官？則求測官運事宜，要取官鬼爻為用神，今官鬼巳火之信息來生扶求測人未土，本來可以如願升官。但壬寅日屬於甲午旬，甲午旬中辰、巳空亡，官星臨空亡，無法生扶求測人，因此，最後鐵定升官不成。

以此卦來說，如果此屬羊之人想開店做生意，求

兌宮：雷澤**歸妹**（歸魂）　　　艮宮：火澤**睽**

六神	伏神	本卦			變卦	
玄武		父母庚戌土	▬ ▬	應	X→官鬼己巳火	▬▬▬
白虎		兄弟庚申金	▬ ▬		父母己未土	▬ ▬
螣蛇	子孫丁亥水	官鬼庚午火	▬▬▬		兄弟己酉金	▬▬▬
勾陳		父母丁丑土	▬ ▬	世	父母丁丑土	▬ ▬
朱雀		妻財丁卯木	▬▬▬		妻財丁卯木	▬▬▬
青龍		官鬼丁巳火	▬▬▬		官鬼丁巳火	▬▬▬

測財運，問測財運要取妻財爻為用神，今妻財爻為卯木來剋制求測人之未土，故求財不利，勸求測人應暫緩投資。

〔實例四〕雷澤歸妹卦

庚寅年　乙酉月　乙酉日　辛巳時（日空：午未）

以此卦言，如果有一個生肖屬蛇的人，想要開店做生意，來求測財運。則問測財運要取妻財爻為用神，今卯木為妻財爻要來生扶求測人之巳火，故求財有利，但細看之下，卯木逢月破、日破，受到月破、日破之五行，根本無生扶之力，因此，財運不佳，不宜冒進。

如果有生肖屬豬之人問測合夥求財之事，則亥水為伏神藏於四爻午火之下，今乙酉為甲申旬，甲申旬中午、未空亡，飛神空亡，伏神得出，今合之事要取兄弟爻為用神，今兄弟爻申金要來生扶亥水，本該有利，但由於財妻爻卯木要來盜洩亥水之能量，因此，合夥過程順利，但最終生意不好，求財之事不利。但如果卯人問測合夥求財事宜，則卯木本身臨妻財爻，本該有財，但逢月破、日破，因此，合夥必定無法求財。又今兄弟爻申金要來剋求測人卯木，因此，不但無財可得，朋友最後還會因此不愉快。因此，千萬不要合夥。

以下附錄《卜筮正宗》一書中〈黃金策總斷千金賦直解〉，該文對於六爻卦的占斷方法有極其精要的解說，讀者們多看幾篇，並配合本書，多加思考，必能在六爻卦的學習上突飛猛進。

附錄：〈黃金策總斷千金賦直解〉

動靜陰陽，反覆遷變：

動就是交重之爻，靜就是單拆之爻，交拆之爻屬陰，重間之爻屬陽。若爻是單拆，這謂之安靜，安靜的爻沒有變化的理。若是交重，這謂之發動，發動的爻然後有變。故此交交原是坤卦屬陰，因它動了就變成單單單是乾卦屬陽了。大凡物動就有個變頭。為什麼交就變了單、重變了拆？該把那個「動」字當作一個「極」字的意思解說。

古云物極則變，器滿則傾，假如天氣熱極，天就做起風雲來，倘風雨大極就可晴息了。故古注譬以穀舂之成米，以米炊之成飯，若不以穀舂，不以米炊，是不去動它了，到底穀原是穀，米原是米，豈不是不動則不變了？發動之內，也有變好，也有變壞。陽極則變陰，陰極則變陽，這個意思就是「動靜陰陽，反覆遷變」了。

雖萬象之紛紜，須一理而融貫：

此一節只講得一個理字，那「象」字當作「般」字解。理就是中庸之理。卦中刑沖、伏合、動靜、生克制化之間，有一個一定不易之理在裡頭，拿這個卦理評到中庸之極至處，雖萬般紛紜論頭，一理可以融貫矣。

夫人有賢不肖之殊，卦有過不及之異，太過者損之斯成，不及者益之則利：

賢不肖之殊，人生之不齊也，過不及之異，卦爻之不齊也。人以中庸之德為主，卦唯中格之象為美德；至中庸則無往而不善，象至中和則無求而遂。故卦中動靜、生剋、合沖、空破、旺衰、墓絕、現等處，就有太過不及的理在焉。

大凡卦理只論得中和之道，假如亂動就要搜獨靜之爻，安靜就要看逢沖之一日，月破要出破填合，旬空要出旬值日，動待合，靜待沖，剋處逢生，絕處逢生，沖中逢合，合處逢沖，這些法則就是「太過者損之斯成，不及者益之則利」。舊以用神多現為太過，以用神只一位不值旺令為無氣，謂不及，其意淺矣！不知卦中無不有太過不及者，就是動靜、生剋合沖、旬空月破、旺衰墓絕、伏藏出現，個個字可以當它太過，變可以當它不及。此活潑之中自玄妙，學者宜加意參之。

生扶拱合，時雨滋苗：

生我用爻者謂之生，扶我用爻者謂之扶，拱我用爻者謂之拱，合我用爻者謂之合。生者即金生水類五生相生也。扶者即亥扶子、丑扶辰、寅扶卯、辰扶未、巳扶午、未扶戌、申扶酉。拱者即子拱亥、卯拱寅、辰拱丑、午拱巳、未拱辰、酉拱申、戌拱未。合有二合、三合、六合，二合者即子與丑合類，三合者即亥卯未合成木局類，六合者即六合卦也。此節變屬上文而言，不及者宜益之耳。倘若用神衰弱沖破，得了生扶拱合，就如旱苗得雨，則苗勃然興之矣！倘若卦中忌神衰弱沖破，得了生扶拱合，謂之助紂為虐，其禍愈甚矣！學者宜別之，下三條放此。

剋害刑沖，秋霜殺草：

剋者相剋，即金剋木類是也。害者六害，即子害未、丑害午、寅害巳、卯害辰、申害亥、酉害戌是也。刑者即寅巳申等類是也。沖者子午相沖等類是也。此亦結上文言，倘用神衰弱，並無生扶拱合，反見剋害刑沖，故喻之秋霜殺草也。大凡刑沖剋三者卦中常驗，六害並應驗，尤當辯焉。

長生帝旺，爭如金谷之園：

長生即火長生於寅類也，帝旺即火帝旺於午類也，用神遇之，戌雖衰弱者亦作有氣論，故以金谷譬焉。此節論用神長生帝旺在辰上頭，不言不長生帝旺於變爻裡邊，若以變爻遇帝旺而言誤矣！假如午火又化出午火來，這是伏吟卦了，有什麼好處？安得以金谷喻之？大凡用神帝旺於日辰上，主速；長生於日辰上，主遲。蓋長生猶人初生，長養以漸，帝旺猶人壯時，其力方銳，所以生長遲而帝旺速也。

死墓絕空，乃是泥犁之地：

死、墓、絕皆從長生上數起，空是旬空；死者亡也，猶人病而死也；墓者蔽也，猶死而葬於墓地；絕者魘絕也，猶人死而根本斷絕也；空者虛也，猶深淵薄冰之處，人不能踐履也。泥犁，地獄名，言其凶也。這四者與剋害刑沖意思相仿，又引有過不及之意。倘用神無生扶拱合，反遇死墓絕空，故以泥犁喻之。大凡卦中爻象，只講得長生、墓、絕三件，向日辰是問，就是變出來的也要看，唯沐浴、冠帶、臨官、衰、病、死、胎、養不可向變出之爻是問。若化出來的，當以生剋沖合、進神退神、反吟伏吟論也。

日辰為六爻為主宰，喜其滅項以安劉：

日辰乃卜筮之主，不看日辰則不知卦中吉輕重了。蓋日辰能沖起、沖實、沖散那動空靜旺的爻象，能合能填月破之爻，衰弱的能扶助幫比，強旺的能抑挫制伏，發動的能去剋得，伏藏的能提拔，可以成得事，可以壞得事，故為六多之主宰也。如忌神旺動，用神休辦，倘得日辰去剋制忌神，生扶了用神，凡事轉凶為吉，故曰「滅項興劉」。

月建乃萬卦之提綱，豈可助紂而為虐：

月建乃卜筮之綱領，月建變能救事壞事，故言萬卦之提綱。若是卦中有忌神發動剋傷用神，倘遇月建生扶那忌神，這是助紂為虐了。倘忌神剋用神，如遇月建剋制忌神，生扶那用神，這是救事了。凡看月建只論得生剋，與日辰相同。大凡月建的禍福不過司權於月內，不能始終其事，而日辰不論久遠，到底有權的。就是長生、沐浴、冠帶這十二神與日辰固有干係，與月建上不過只論得月破，休囚旺相生剋。今有人說衰病死墓於月建上不好，長帝旺於月建上好，種種誤傳不可信也。

最惡者歲君，宜靜而不宜動：

即本年太歲之爻曰歲君，係天子之象，既能最惡，豈不能最善？既宜安靜，豈不宜發動乎？若是太歲那一爻，臨忌神發動，來沖剋世身用象，主災厄不利，一歲之中屢多駁雜，故曰最惡，故宜安靜。此言歲君若臨忌辰則宜靜而不宜動也，若是太歲那一爻動來生合世身之象，主際遇頻加，一歲之中連增喜慶，當言最善，亦宜發動。若用神臨之，其事必干朝廷，若日辰動爻沖之，謂之犯上，毋論公私，皆宜謹慎可也。

最要者身位，喜扶而不喜傷：

身即月卦也，「陽世則從子月起，陰世還從午月生」。大抵成卦之后，看卦身現與不現，與月建、日辰、動爻有無干涉，則吉凶便知。占事為事體，占人為人身，唯喜生扶供合，不宜剋害刑沖。凡占卦以身為占事之主，故曰「最要」也。

世為己應為人，月宜契合：

動為始變為終，最怕交爭：交重為動，動則陽變為陰，陰變為陽，卦中遇此，當以動爻為事之始，變多為事之終。發動之多變剋變沖謂之交爭，凡世應宜生合用神，怕變剋沖也。

應位遭傷，不利他人之事，世爻受制，豈宜自己之謀：

應位者，該當一個用神解說。如占他人變各有用神分別，或占交疏之人及無尊卑之人，是應為他人也；倘占父友、家主、師父輩，這是父母爻為用神了；子孫之友，這是子孫爻為用神了，妻妾奴婢，這是妻財爻為用神了。那父友、自友及子孫之友，雖是他人，當分別老幼稱呼名分取用，不可一概以應位誤斷。如卜損益自己之事，以世爻為自己也，世若受制，豈宜自己之謀乎？

世應俱空，人無准實：

此節變引上文而言世應也。但凡謀事，勢必託人，世空則自己不實，應空則他人不實，若世應皆空，彼此皆無准實，謀事無成。或世應空合，謂之虛約而無誠信。如託尊長輩謀事而得父母爻生合世爻，託之自然有益，倘或應至，總得長輩之力，而那一邊不實，亦難成事也。

內外競發，事必翻騰：

競者沖剋也，發者發動也。凡占的卦內外紛紛亂動，亂沖亂擊，是人情不常，必主事體反覆翻騰也。

世或交重，兩目顧瞻于馬首；應如發動，一心似託於猿攀：

馬首是瞻，或東或西；猱猿攀木，自心靡定。世以己言，應以人言。書曰「應動恐他人有變，世動自己遲疑」，皆言其變遷更改，不能一其思慮耳。此引上文世應彼我之意，又引競發有翻騰而言。其事之吉凶，總不外乎生扶拱合剋害刑沖空破間耳。

用神有氣無他故，所做皆成；主象徒存更被傷，凡謀不遂：

用神者，如占文書、長輩，以父母爻為一神之類是也。主象者亦即用神也。「故」字該作「病」字解。何謂之病？凡用神遇刑沖剋害就是病了。如卦中用神旺相遇了病，可待去病日期，亦能成事；如旺相而又無刑沖剋害等病，凡謀必從心所欲，無不可成矣。

倘用神衰弱無氣，而又遇月建日辰刑沖剋害，猶如一個天元不足、瘦弱不堪的人，豈可再加之以病乎？故爻弱而又受刑沖剋害者，凡事枉費心力，終無可成之理。蓋用爻雖然出現，別無生助，而卦中又無原神，縱有而值空破壞者，謂之主象徒存，徒存者徒然出現也，謀事焉能遂意哉！

有傷須救：

傷，傷剋用神之神也；救，救護用神之神也。如申金旬用神而被午火發動來剋，則申爻有傷矣。若是日辰是子，或動爻是子，子去沖剋午火，或亥日亥爻制伏午火，則午火有制，而申金豈非有救乎？倘月建沖剋用神，得日辰去生合用神，又或日辰去剋用神，卦中動出一爻生它，這便是有傷得救了。凡遇有傷救，每事先難後易，先凶後吉，用神得救乃為有用耳。

無故勿空：

故者，謂受傷的意思，勿字該當它「不」字解說。大凡旬空之爻，安靜又遇月建日辰剋制，這是有過之空了，即使出旬值日，亦不能為吉為凶，這樣旬空，到底無用之空矣。若旬空之爻發動，或得月建日辰生扶拱合它，或日辰沖起它，或動爻生合它，這是無故之空，待其出旬值日得合之時，仍復能事，故曰無故之空爻，勿以為空也。雖值旬空而沒有受月建日辰剋傷的，不可當它真空論。

又如用神化回頭剋，又見會局來剋，來剋太過豈不是有傷了？若是日月不能傷它，用神一空則不受其剋，亦稱無故矣。古有避凶之說，亦近乎無故之理。舊注誤以無傷剋之多不可空，日月二建剋它又宜空，大失先天之妙旨，又失是篇之文理矣。

空逢沖而有用：

凡遇卦爻空，今人不拘吉凶，概以無用斷之，殊不知見日辰沖亦有可用之處。蓋沖則必動，動則不空，所以「空逢沖而有用」也。

合遭破以無功：

此節獨言合處逢沖。蓋卦爻逢合，如同心協力，事必剋濟，凡謀望欲成事者，得之則無不遂矣。倘合處遇沖刑破剋，唯恐奸詐小人兩邊破說，必生疑惑猜忌之心。如寅與亥合，本相和合，若見申日或遇申多動來沖剋寅木，則害了亥水矣，故曰「合遭破以無功」。合者成也，和好之意；破者散也，沖開之意。凡遇成事而得合處逢沖之卦者，事必臨成見散；凡欲散之事而得合處逢沖之卦者，必遂意也。沖中逢合者反是。

自空化空，必成凶咎：

自空者用爻值旬空也，化空者亦言用爻化值旬空也，凶咎言不能成事。此節亦引上文謀望之事，倘用爻空或用爻動化空，則動有更變，空有疑惑，事必無成，故曰凶咎也。

刑合剋合，終見乖淫：

合者和合也，凡占見之無不吉利。然人不知合中有弄有史；合而有剋，終風不和合，而有刑終見乖戾。且如用神未字為財爻，午字為福爻，午與未合，然午帶自刑，名為刑合。

又如子字為財爻，子與丑合，丑土能剋子水，謂之剋合。如占妻妾，始合終背，諸事終乖戾也。

動值合而絆住：

大凡動多不遇合然後為動，若是合則絆住而不能動矣。既不能動，則不能生物剋物矣。如日辰合子，須待沖其本爻日至，可應事之吉凶；如旁爻動來合之，須待沖那旁爻之日至，可應事之吉凶矣。假如用丑土財而子日合之，待未日應事，子爻合之待午日應事。又如子孫爻動而被日辰合住，則不能生財，待沖動子孫期至，方有財也。餘仿此。

靜得沖而暗興：

大凡不發動的爻，不可言之安靜，若被日辰沖之，則雖靜亦動員，謂之暗動。猶如人臥而被人呼喚，既不能安然而睡，即是卦中發動的能沖得安靜的爻。且爻遇暗動者，猶人在下做事也，暗動之爻生扶我，定叨私下一人幫襯；倘或剋害我，定被一人在私下謀損。其理深微，應事在於合日。

入墓難剋，帶旺匪空：

入墓難剋者，言動爻入墓不能去剋他爻也，又言他爻入墓不受動爻所剋也。假如寅木發動本去剋土，倘遇未日占卦，那木入墓於未日，或化出是未，日入墓於未爻也，則不能去剋土矣。又如寅動剋土，而土爻遇辰日則入墓於日辰，或化辰爻入墓於變矣。皆不受寅木之剋，故曰入墓難剋。旺相者即如春令木旺金相，夏令火旺土相，秋令金旺木相，冬令水旺木相，四季之月土旺金相。古謂當生者旺，所生者相是也，此爻空亡不做空論。又云旺相之爻過一旬，過旬仍有用，故曰「匪空」。

有助有扶，衰弱休囚亦吉：

此節獨指用神而言也。日如春天占卦，用爻屬土是衰弱休囚，本為不美，倘得日辰動爻生扶拱合，雖則無氣，不做休囚論，譬如貧賤之人而得貴人提拔也。忌神倘無氣，則不宜扶助也。

貪生貪合，刑沖剋害皆忘：

此節亦指用神而言也。倘用神遇刑沖剋害，皆非美兆，若得旁有生爻合爻，則被貪生貪合，自不為患矣，故曰忘沖忘剋。假如用神是巳，卦中動出寅字來，寅本刑巳，但寅木能生巳火，故巳火貪其生而忘其刑也。又如卦中動出亥字來沖剋巳火，又得動出卯字來，則亥水貪生於卯而忘剋於巳也；如寅字動，則亥水貪合於寅而忘沖於巳也。此乃忘剋、忘沖、忘刑之例，餘皆仿此，詳推可也。

別衰旺以明剋合，辨動靜以定刑沖：

此節分別衰旺、動靜、生剋制化、陰陽之理，若獨別衰旺不辨動靜，則膠於所用矣。如旺爻本能剋得衰爻，若安靜，縱旺而不能去剋衰爻了。衰爻本不能去剋旺爻，若發動了就剋得旺爻了。蓋動猶人之起，靜猶人之伏；雖能旺相不過一時目下旺，雖則衰弱亦不過目下一時衰，俟旺者退氣衰者得扶，而衰爻可剋旺爻矣。如旺爻動剋衰爻而無日辰救護者，立時受其剋也。唯是日辰能沖剋得動靜之爻，即如動爻生剋不得那日辰，若是月建載在卦中，那動爻也能剋得它了。如此則衰旺動靜之理明矣。

併不併，沖不沖，因多字眼：

併者，謂卦中之爻日辰臨之也，沖者，謂卦中之爻日辰沖之也。「不」字言所併之爻不能并，所沖之爻不能沖也。何謂不能併？假如子日占卦，卦中見有子爻做用神，日辰併之，倘子爻衰弱，已有日辰併之，便做旺論。然亦不可子爻化墓、化絕、化剋，此謂日辰變壞，不能謂善于爻，而凶反見於本日也，故併不能併也。何謂不能沖？又如子日占卦，卦中見有午字做用神，日辰沖之，如子爻在卦中動來沖剋午爻，若得子爻化墓、化絕、化剋，此謂日辰化壞，不能為害於午，而其吉反見於本日也。故曰沖不能沖也。此二者皆因子日占卦，卦中多這個子爻變壞了，所以如此。餘如此例。

刑非刑，合非合，為少支神：

刑，三刑也；合，合局也。如寅巳申三刑，丑戌未為三刑，子卯為二刑，辰午酉亥為自刑。假如卦中有寅巳二字而無申，有寅申二字而無巳，有巳申二字無寅，為少一字而不成刑也。如亥卯未為三合，申子辰為三合，巳酉丑為三合，寅午戌為三合，假如有亥卯而無未，有未卯而無亥，有亥未而無卯，為少一字而不成合也。三合三刑之法必須見全，有兩爻動則刑合得一爻起，如一爻動則刑合不得兩爻起了。如卦中刑合俱見全，倘俱安靜便不成刑合了。如此占驗就明白曉暢矣！

爻遇令星，物難我害：

令星者月建之辰也，物者指卦中動爻而言。倘用神是月建之辰，而月建乃健旺得令星也，即使動爻來傷，何足俱哉！故曰物難為我之害也。

伏居空地，事與心違：

伏者伏神。六爻之內無缺用神，當查本宮首卦用神為伏，卦上六爻為飛，飛為顯，伏為隱。若六爻之中並無用神，而伏神又值旬空，倘無提拔者，謀事決難成就，故曰「事與心違」。

伏無提拔終徒爾，飛不推開亦枉然：

亦引上文之意。伏者，言用神不現而隱伏於下也，如無日月動爻生扶拱合，謂之伏無提挈。飛者，是用神所伏之上顯露神也。推者沖也，言沖開飛神使伏神可出也。

空下伏神易於引拔：

言伏神在旬空飛爻之下。蓋本爻既空，猶無攔絆，則伏神得引拔而出也。引者是拱扶併之神。拔者亦生扶拱合，沖飛引伏之意。

制中弱主難以維持：

制者，言月建日辰制剋也；弱主者，指衰弱之爻也。如用神衰弱而又被日月二建制剋，縱得動爻生之亦不濟事，蓋衰弱之爻再遇日月剋者，如枯枝朽樹，縱有如膏之雨，難以望其生長新根。此指用神出現而言也，如伏神如是，縱遇併引亦無用矣。

日傷爻真罹其禍，爻傷日徒受其名：

日辰為六爻主宰，總其事者也；六爻為日辰臣屬，分治其事者也。是以日辰能刑沖剋害得卦爻，卦爻不能刑沖剋害於日辰也。月建與卦爻亦然。

墓中人不沖不發：

大抵用爻入墓則多阻滯，諸事費力難成，須待日辰動爻沖之，或沖剋其墓爻，方有用也。古書云：「沖空則起，破墓則開。」

鬼上身不去不安：

身，借用而言世也。但凡官鬼持世爻上，如自己若非職役之人，以官鬼為憂疑阻滯之神，須得日辰動爻沖剋去之，方可安然無慮矣。或忌神臨於世上亦然，但不可剋之太過，恐我亦傷。先聖曰：「人而不仁疾已甚，亂也」，唯貴得其中和耳。

德入卦而無謀不遂，忌臨身而多阻無成：

德，合也，和合中自有恩情德義。故凡謀為，一神動來合世，或用神化得生合，或日辰臨用合世，或日辰生合用爻，皆德入卦中，而無謀不遂矣。但合處逢沖恐有更變。倘忌神如是，則多阻而成矣。

卦遇凶星避之則吉：

凶星即是忌神。凡用爻被月建日辰傷剋，不論空伏，始終受制，無處可避。如無月日傷剋，獨遇卦爻中忌神發動來傷，若用爻值旬空伏藏不受其剋，謂之避，待沖剋忌神之日，其凶自散也。如用爻出現不空便受其毒，難免其傷也，故曰「避之則吉」。

爻逢殺敵之無傷：

爻者用爻也，如求財爻為用之類是也。敵，救護之意，譬如求財，卦中財爻屬木，倘有金爻動來剋財，凶也，或得火爻發動剋金，則金爻自治不暇，焉能剋木？木爻無患矣！故曰「敵之無傷」。

主象休囚，怕見刑沖剋害；用爻變動，忌遭死墓絕空：

主象亦言用神也。如值休囚，已不能為事矣，豈可再見刑剋？如用神發動，猶人勇往直前，豈可自化墓絕？

用化用有用無用，空化空雖空不空：

用神化用神，有用之用神有，有無用之用神。有用者用神化進神，無用者用神化退神併伏吟卦也，故以「有用無用」分別之。空爻安靜則不能化空，爻發動則能化，既發動，動不為空也，化出之空亦因動而化。凡動爻值空，或動爻變空，皆不做真空論，出旬有用矣。

養主狐疑，墓多暗昧，化病兮傷損，化胎兮勾連：

長生、沐浴、冠帶、臨官、帝旺、衰、病、死、墓、絕、胎、養，此十二神，卦中唯是長生、墓、絕三件，卦卦須看，爻爻要查，其餘沐浴、冠帶、臨官、帝旺、衰、病、死、胎、養各神，俱各有生剋沖合、進神退神、伏吟反吟論，不可執疑於養主狐疑、病主傷損、胎主勾邊連。《十八論》內已明論之，學者宜自詳辨。

凶化長生，熾而未散：

用爻化入長生者吉；如凶神化入長生者，則其禍根始萌，日漸增長也，必待墓絕日始鋤其勢。

吉連沐浴，敗而不成：

沐浴，其名敗神，又稱沐浴煞，乃無廉無恥之神，其性淫敗，然而有輕重之分別。即如金敗于午，敗中兼剋；寅木敗於子，敗中兼生；卯木敗於子，敗中兼刑；水敗於酉，敗中兼生；土敗於酉，敗中兼洩氣；火敗於卯，敗中兼生。唯占婚姻最宜忌之。倘夫擇妻姻，得財爻而化沐浴兼生者，必敗門風，兼剋者奸殺身。即如諸占，倘世多化之，生者因色壞名，剋者因奸喪身，有救者險裡逃生，故曰「吉神不可化沐浴」也。

戒回頭之剋我，勿反德以扶人：

回剋乃用神自化忌神，如火爻化水之類是也。諸占世爻、身爻、用爻遇之不吉也。凡用神動出生合世爻，是有於我，謀為易成出；或用神發動不來生合世身，而反生合應爻及旁爻者，皆謂反德扶人，凡占遇之，所求不易，是損己利人之象也。

惡曜孤寒，怕日辰之併起：

惡曜指忌神言也；孤，孤獨無生扶拱合也；寒，衰弱無氣也。凡占遇忌神孤寒，則永無損害我矣。唯怕日辰併起，而孤寒得勢，終不免其損害，如值月建，真可畏也。

用爻重疊，喜墓庫之收藏：

如卦中用爻重疊太過，最喜用神之墓持臨身世，謂之歸我收藏也。

事陰隔兮間發，心退悔兮世空：

用爻者，世應當中兩爻是也。蓋此二爻居世應之中，隔彼此之路，動則有人陰隔，要知何等人陰隔，以五類推之，如父母動即尊長之輩是也。凡世爻旬空，其人心怠意懶，不能勇往精進，以成其事，故曰「心退悔兮世空」。

卦爻發動須看交重，動變比和當明進退：

凡卦發動之爻須看交重，交主未來，重主已往。如占逃亡，見父母併朱雀發動，若爻交，當有人來報信，如值重爻，則信已先知，他仿此。動變比和者，指言進退二神也，如寅木化卯是進神，卯變寅是退神，《十八論》內詳明。進主上前，退主退后。

煞生身莫將吉斷，用剋世勿做凶看，蓋生中有刑害之兩防，合處有剋傷之一慮：

煞者忌神也，生者合也，身者如自占以世而言也。如卦中忌神發動，則有傷於用神矣，既使生合我，有何益哉？況生合之中有刑、有害、有剋，如忌神生世兼有刑剋者，不便謀事無成，所求不得，恐因謀而致咎。即如一人鄉試於辰月癸酉日，卜得節之坎卦，世爻巳火化寅木忌神，生中帶刑，又卯木忌神暗動生世，後至臨場病。此是忌生身也，生中帶刑也。害者相同，剋者尤重。又如用神動來剋世，謂之物來尋我，凡謀易就，勿因剋我當作凶看，得用神剋世本是吉也，不宜又去生合應爻，謂之厚於彼而薄於我，則雖用神剋世，亦做凶看，不可不知也。

刑害不宜臨用，死絕豈可持身：

凡用神、身、世遇日辰相刑，必主不利，占事不成，占物不好，占病沉重，占人有病，占婦不貞，占文卷必破綻，占訟有刑害。動爻不過壞事，大概相仿，化者亦然，須推衰一剋，分其輕重詳之。死絕於日辰這爻臨世身用神者，諸占不利，變動化入者亦然。然有絕處逢生之辯，學者宜知。

動逢沖而事散：

蓋沖之一爻不可一例推之。如旬空安靜之爻，逢沖曰起；旬空發動之爻，逢沖曰實；安靜不空之爻，逢沖曰暗動；發動不空之爻，逢沖曰散，又曰沖脫。凡動多而逢沖散脫者，吉不成吉，凶不能成凶也。

絕逢生而事成：

大凡用神臨於絕地，不可執定絕於日辰論之，用神化絕皆是也，倘遇生扶，乃凶中有救，大吉之兆，名曰「絕處逢生」。

如逢合住，須沖破以成功：

卦中用神忌神遇日辰合，或自化合，或有動爻來合，不拘吉凶，皆不見效，須待沖破日期可應事之吉凶。假如用爻動來生世，凡事易成，若遇合住，則又陰滯，須待沖之日，事始有成。此下皆斷日期之法也。

若遇休囚，必生旺而成事：

斷日期之法不可執一，當以活法推之，庶無差誤。如用爻合住，因以沖之日期斷矣。或用爻休囚，必生旺之期能成其事，故無氣當以旺相斷之。或用爻旺相不動，則以沖動月日斷之。如用爻有氣動，則以合日斷之。或有氣動合日辰，或日辰臨之動，或日辰臨之動來生合世身，即以本日斷之。若用爻受制，則以制煞日月斷之。若用多的時旺動，而又遇生扶者，此為太旺，當以墓庫日月斷之。

若用爻無氣發動而遇生扶，即以生扶月日斷之。若用爻入墓，當以沖墓沖用月日斷之。若用爻旬空安靜，即以出旬逢沖之日斷之。若用爻旬空發動，即以出旬值日斷之。若用爻發動旬空被合，即以出旬沖日斷之。若用爻旬空安靜被沖，即以出旬合日斷之。若用爻旬空發動逢沖，謂之沖實，即以本日斷之。以上斷法撮其大矣，其中至妙之理，學者自當融通活變，分其輕重，別其用忌，斷無差矣。

速則動而剋世，緩則靜而生身：

此亦斷日辰之法也。如來人定其遲速，若用神動而剋世，來期甚速；如動而生世則遲；如靜而生世則又遲矣。更宜以衰旺動靜推驗，則萬無一錯。如衰神發動剋世，比旺動來剋者又緩矣。餘仿此。

父亡而事無頭緒，福隱而事不稱情：

此上節指言公事，當看文書，文書即為父母爻也。凡占功名、公門、公事，以父母爻為頭緒，當首賴文書，次尊官鬼，如文書爻空亡，恐事未的確。故曰「父亡而事無頭緒」。凡占私事以子孫爻為解憂喜悅之神，又為財之本源，豈可伏而不現？故曰「福德隱而事不稱情」也。

鬼雖禍災，伏猶無氣：

官鬼一爻，雖言其禍災之神煞，然六爻之內亦不可無，宜出現安靜，不宜藏伏，藏伏了謂之卦中無氣，況那官爻諸占皆有可賴之處，故此要它。即如占名以官為用，占文書以官爻為原神，占訟以官爻為官，占病以官爻為病，占盜賊以官爻為資賊，占怪異以官爻為怪異，占財以無官爻恐兄弟當權不無損耗。

子雖福德，多反無功：

多，多現；反，受剋。唯占名子孫為惡煞，除此皆以子孫之爻為福德神也。占藥以子孫之爻為用神，若卦中多現，必用藥雜亂，服之無功。如占求財遇子孫爻受傷，不唯無利，恐反致虧本。

究父母推為體統，論官鬼斷做禍殃，財乃祿神，子為福德，兄弟交重，必至凡謀多阻滯：

此雖概言五類之大略，然亦有分別用之。假如占終生，以父母爻論其出身，如臨貴人有煞，是官家之後，如臨刑宣戰無氣，乃貧賤之兒。如占禍殃，當推官鬼附臨何獸，或值玄武即盜賊之殃。財乃人之食祿，故曰祿神；子孫可解憂剋鬼，故曰福德。兄弟為同輩劫財，動則剋神爭奪，故曰「凡謀多阻滯」也。

卦身重疊，須知事體兩交關：

卦身即月卦身也，其法「陽世還從子月起，陰世還從午月生」，《啟蒙節要》論明矣。凡卦身之爻為所占事之體也，若六爻中有兩爻出現，必是鴛鴦求事，或事於兩處。若帶兄弟必與人同謀，兄弟剋世或臨官發動，必有人爭謀其事也。卦中不出現，事未有定向，出現生世、持世、合世，其事已定。宜出現不宜動，動則須防有變，如變壞則事變壞矣！

若持世，知此事自可掌握；若臨應，知此事權柄在他。或動他爻變出者，即知此人亦屬其事。如子孫為僧道子姪輩類。或伏於何爻之下，亦依此類推詳。如六爻飛、變、伏皆無卦身，其事根由未的，空亡墓絕者諸事難成。大抵卦身當作事體看，不可誤作人身看。若占人相貌美惡，以卦身看可知矣。凡遇身剋世則事尋我吉，世剋身則凶，若得身爻生合世爻更吉。

虎與而遇吉神，不害其為吉；龍動而逢凶曜，難掩其為凶；玄武主盜賊之事亦必官爻；朱雀本口知之神然須兄弟；疾病大宜天喜，若臨凶煞必生悲；出行最怕往亡，如係吉神終獲利。是故吉凶神煞之多端，何如生剋制化之一理：

大抵卜易當執定五行六親，不可雜以神煞亂斷。蓋古書神煞至京房先生作易，亂留吉凶星曜以迷惑後學，如天喜、往亡、大煞、大白虎、大玄武之類比是。今人宗之無不敬信，然神煞太多豈能辨用？

合以六獸而言其法，莫不以青龍為吉，以白虎為凶，見朱雀以為口舌，見玄武以為盜賊，不分臨持用神、原神、忌神、仇神，概以六獸之性斷之，大失先天之妙旨。何則？白虎動因凶也，若臨所喜之爻，生扶拱合於世身，則何損於吾？故曰凶「不害其為吉」。青龍動固吉也，若臨所忌之爻，刑沖剋害乎用神，則何益於事？故曰雖吉而「難掩其為凶」。朱雀雖主口舌，然非兄弟併臨，則不能成口舌也。玄武雖主盜賊，若非官爻併臨，則不能稱盜賊也。蓋六獸之權依於五行六親生剋故也。

又如天喜吉星也，占病遇之雖大象凶惡，竟不以死斷，因天喜故也，若臨忌神，我必以為悲而不以為喜。往亡凶煞也，出行遇之，雖大象吉利，竟斷其凶，因死之故也，若臨所喜之爻動來生扶拱合世身。

用爻者，吾必以為利而不以為害也。蓋神煞之權輕而五行之權重故也。由是觀之，遇吉則吉，遇凶則凶，係與此而不系於彼，有驗於理而不驗於煞，何必徒取幻妄之說哉！蓋神煞無憑，徒為斷易之多歧，而不若生剋制化之一理為妥，能明其理則圓神活變，自有條理而惑矣。

六親本也，六獸末也，至於天喜、往亡、天醫、喪車吉神凶煞，末中之至末也。欲用之者唯六獸可也，必當急於本而緩其末。然六獸但可推其性情形狀，至於吉凶得失，當專以六親生剋為主。學能如此，則本末兼賅，斯不失其妙理而一以貫之矣！

嗚呼！卜易者知前則易：

世人卜易皆泥古法，能變通鮮矣。故有龍虎推其悲喜，水火斷其雨晴，空亡便以凶看，月破皆言無用，身位定為人身，應爻概稱他人，凡此之類，難以枚舉。劉伯溫先生作是書，取理之長，捨義之短，闡古之優，正今之失，凡世之執迷於前法者，亦莫不為之條解。有志是朮者苟能究明前說，自知通變之道矣。其於易也何有？

求占者鑑後則靈：

推占者固當通變，而求占者亦不可知求卜之道也，後誠心是也。

筮必誠心：

聖人作易，優讚神明，以其道合乾坤故也。故凡卜易，必須真誠敬謹，專心求之，則吉凶禍福自無不驗。今人求卜多有科頭跣足，短衫露體，甚至有焚香不洗手者，更有富貴自驕，差家人代卜，或煩親友代卜，不知自雖發心而代者未必心虔？忽略如此而欲求神明之感格者，未之有也，可不慎歟？

何妨子曰：

陰陽歷書中有「子不問卦」之說，故今人多忌此日。劉國師謂吉凶之應皆感於神明，神明無往不在，無時不格，能格其神，自無不驗矣。故卜易唯在人之誠不誠，不在日之子不子也。

以上全篇總說斷易之法，乃通章之大旨，不如此則諸事難決。有志於是者當觀此篇，若能以復，熟讀玩解，此理既明，則事至物來，迎刃而解矣！其於卜易也何有？

陸・卜卦實戰案例

一　人生的十字路口

人生該往哪方面發展比較順利，在日常求測中經常有人問及。日前，有一位張文華女士首次前來我處求測，主要是占問身體健康方面的事。張女士是民國四十二年生，今年五十九歲。原本是臺北人，這幾年搬了幾次家，現在住在新竹。於是我便即依其問測時間，起六爻卦如下：

國曆起卦時間：2011年6月11日10時15分

農曆：辛卯年五月初十日巳時

干支：辛卯年　甲午月　丁酉日　乙巳時（日空：辰巳）

神煞：驛馬—亥　桃花—午　日祿—午　貴人—酉，亥

乾宮：火天**大有**（歸魂）　　　離宮：火風**鼎**

六神	伏神	本卦			變卦	
青龍		官鬼己巳火	▬ ▬	應	官鬼己巳火	▬▬▬
玄武		父母己未土	▬ ▬		父母己未土	▬ ▬
白虎		兄弟己酉金	▬▬▬		兄弟己酉金	▬▬▬
騰蛇		父母甲辰土	▬ ▬	世	兄弟辛酉金	▬ ▬
勾陳		妻財甲寅木	▬▬▬		子孫辛亥水	▬▬▬
朱雀		子孫甲子水	▬▬▬	O→	父母辛丑土	▬▬▬

斷卦：

求測人為癸巳年生，生肖屬蛇。我仔細分析了六爻卦，就身體狀況而言，我斷言她的心臟健康狀況不佳，但是平常控制得宜，在生活上沒有什麼大的防礙。原因在於巳火居於上爻，巳為心臟，又臨官鬼，官鬼主疾病方面的信息，因此是心臟方面有疾病。

但是由於丁酉日屬於甲午旬，甲午旬中辰、巳空亡，因此，官鬼氣數不是很足，因此，狀況並不是很嚴重。又初爻子水為子孫爻發動來剋制官鬼，此為官鬼有制，因此，此病症控制得宜，因此，斷言沒有大礙。她微笑地點了點頭，說我斷得很準，她確實患有心臟方面的疾病，但是在醫師的指示之下，按時吃藥，定期檢查，這四、五年來都控制得很好。但是，我接著說，妳最近感覺情況有點失控，現在心中懷疑，是不是感覺健康狀況亮起了紅燈，對吧？

說到這，她臉上露出了驚訝的表情，說我斷得一點也不錯，並急切追問著她的身體狀況是不是惡化了？因為最近心臟的跳動似乎不太正常，突然之間會心悸，去醫院檢查，醫生又說沒有異樣，但是她還是放心不下，畢竟自己的感覺很真實。

原因在於，測卦之時為午月，午月子孫爻子水為月破，由於子孫爻臨月破，因此無力剋制官鬼爻，致使疾病加重。過了午月，子水也就不月破了，屆時情況就能恢復了。因此，我告訴她不必過分擔心，再過不久，這種情形就會解除，請她放心。

她再三向我感謝，說她心中的大石頭終於可以放下了。張文華女士所測之事有了解答，正想離開我處時，我又說，妳真正的的問題其實不在心臟方面，她一聽完我這句話，又坐回座位，問我說，身體還有哪裡有問題？臉上馬上顯露出驚恐的表情。

我接著說，妳的問題不在身體方面，而是最近幾年妳的精神壓力太大，壓得妳喘不過氣來，尤其自從妳搬離臺北往南方發展以後，一直都很不順利，可以說愈往南走，不但身體不如以前，妳的壓力也愈大，過得愈不好。

而且，這幾年，妳為朋友可以說付出很多，結果卻很不值得，這些人多半是一起修行或是拜拜的朋友，我說得對吧？張文華女士一開始愣住了，不發一語，接著就開始哭了起來，哭了足足有十分鐘之久。

當她收拾情緒後，對我頻頻稱讚，然後像遇到了知音一般，一股腦兒地說給我聽。說她從六年前自臺北搬到桃園，又搬到中壢，最後落腳於新竹，這幾年真的是一年不如一年。她也確實為朋友付出很多，最後卻被朋友背叛，如今形同陌路，這幾個人原本真的如我所言，是她一起修行拜拜的朋友。張女士覺得我的斷語簡直不可思議。

斷卦的原因在於，巳火為官鬼，官鬼主壓力、疾病、疼痛、災難等信息，由於巳火居於上爻，上爻主頭部，故斷精神壓力。火主南方，因此，愈往南，官鬼的氣勢愈強，愈不利於求測人。

朋友之事，看變卦之大象，辰、巳屬於巽卦，可以視為求測人的信息。今變卦火風鼎為巽木生離火，離火地支為午，午為月柱，故主朋友方面的信息。今巽木生離火，在此夏季，為休囚之木來生旺相之火，自身能力不足，卻還要為朋友付出。但由於火為其官鬼爻，因此，巽木生離火的結果，火愈受生扶，則官鬼的氣數愈足，壓力愈大。而判斷這些人屬於一起修行或拜拜的朋友，原因在於火風鼎卦有香火之象，故云。

最後，我力勸張文華女士，搬回臺北，並且留在北方發展，相信一切都會變得比較順利。由於預測的內容與她的人生現實極度符合，張女士說她會聽從我的意見，搬回北方，並且再三感謝我給她的指點。

二　情字這條路

日前，有一位陳姓小姐前來我處求測，要占問感情方面的事，由於感情之事涉及兩人，甚至有時涉及多人，因此，必須知道當事人的信息點，斷卦方能準確無誤。經詢問，陳小姐民國七十二年生，二十八歲，已結婚四年；她的先生小她兩歲。我即依其問測時間，起六爻卦如下：

國曆起卦時間：2010年9月11日10時6分

農曆：庚寅年八月初四日巳時

干支：庚寅年　乙酉月　甲子日　己巳時（日空：戌亥）

神煞：驛馬—寅　桃花—酉　日祿—寅　貴人—丑，未

巽宮：山風蠱　　　　離宮：山水蒙

六神	伏神	本卦			變卦	
玄武		兄弟丙寅木	▅▅▅▅▅	應	兄弟丙寅木	▅▅▅▅▅
白虎	子孫辛巳火	父母丙子水	▅▅　▅▅		父母丙子水	▅▅　▅▅
騰蛇		妻財丙戌土	▅▅　▅▅		妻財丙戌木	▅▅　▅▅
勾陳		官鬼辛酉金	▅▅▅▅▅	世	O→子孫戊午火	▅▅　▅▅
朱雀		父母辛亥水	▅▅▅▅▅		妻財戊辰土	▅▅▅▅▅
青龍		妻財辛丑土	▅▅　▅▅		兄弟戊寅木	▅▅　▅▅

斷卦：

求測人生肖屬豬，她的老公小她兩歲，生肖屬牛。我斷言她的老公外表俊帥、好看，但較喜玩樂，喜歡到處跑，比較靜不下來，為人較無責任感；而求測人本身在婚姻關係中較有責任心，但也比較操心勞累。

因為兩人信息皆在本卦中出現，而老公臨青龍，又化出了驛馬；求測人則居父母爻。一般而言，青龍主喜慶、遊玩之信息；而父母爻則主操勞。不僅如此，兩人還陰陽反錯。說完後，女子點頭稱是，眼淚已在眼眶中打轉。

我接著又斷言男子人品不錯，只是有時想法觀念與比較極端。因男子臨貴人了，貴人者，人品肯定不差；然而落於初爻，因此，想法處事較極端。女子回覆說確實如此。

再斷言老公今年財運很差，為朋友之故散財不少。女子說，他常與朋友吃吃喝喝，花錢不知節制；而且還為了幫助朋友擺平一些麻煩，亦花了不少錢。其原因在於初爻化為兄弟爻回頭剋；寅為祿神，又為此年太歲，故如此斷。

又斷兩人結婚以來感情還算可以，稱不上水火不容，但是去年夫妻關係降到冰點，常常吵架，其中還多次為了經濟財務之事爭執。

因為兩人一佔陰爻，一佔陽爻，陰陽和諧之象；丑為舊年太歲，來剋女子之信息，且女子臨朱雀，朱雀一般主口舌、爭吵、謾罵之信息，故云。為財務爭吵之理由，在於亥化成妻財辰土回頭剋。女子此時頻頻點頭。

我接著水斷言兩人在爭執時，男子都覺得他有理，而且要占上風；而女子都覺得對方理由低劣。原因在於男子占財爻，且來剋女子之爻；而財爻主理，然而落在初爻，初爻主低。女子此時數落男子，還將爭執內容略述一二。

最後我斷言，這段感情發展到此，男方尚不自覺婚姻出現了致命的危機，但妳個人認為已經走到盡頭，妳想放棄這段感情，提出離婚。

其原因在於此卦為山風蠱卦，蠱卦的形象乃是一個大樹被蟲子蛀蝕，內在已敗壞，空有其表而已。因此，此卦之卦意已充分說明這段感情的實際狀況；又女子信息占空亡，說明是她自己想要放棄這段感情。合此兩點，完全可以確定此結果。說到這裡，求測人在眼眶中打轉已久的淚水終於奪眶而出，瞬時淚流滿面。

過了約莫幾分鐘，女子收拾好心緒，進一步請教有關老公的問題，內容多半是問及離開他以後，他是否能夠過得好之類的問題……。由於具體內容不少，在此就不再贅述。

這又是一個典型的心地善良，而在婚姻生活中，操勞盡心，努力經營感情，卻無法享受到愛情甜美果實的、令人同情的女子。

三 合夥求財

朋友之間合夥求財的占斷，屬於經濟財務方面的例子，易簡在現實生活的問測中常常碰到。吳明新先生常因財務方面的事情來我處求測，此次前來，依舊是問及投資方面的事。事情是這樣的，他有一位多年好友，看好現在有機農產品之商機，計畫了將近一年，甚至已與南投當地的有機農園洽談妥當，想要在消費能力較強的新竹市區設置門市，銷售有機農產品營利。

基於多年好友情誼，他向四、五好友推薦，初期規模約需資金三百萬，邀請兩位朋友入股，一股一百萬元，他並且帶著這些朋友到南投實際去看這些農產品的生產以及品質。吳先生認為有機商品前景很好，利潤也不錯，因此，對朋友的提議非常心動。由於吳先生多次投資事宜來我處求測都很應驗，因此，想讓我預測一下此事未來的發展如何。

由於合夥事涉及兩人，甚至多人，因此，必須知道當事人的信息點，斷卦方能準確無誤。經詢問，吳先生民國五十二年生，今年四十八歲，生肖屬兔；朋友姓劉，民國四十八

兌宮：雷澤**歸妹**（歸魂）　　　艮宮：火澤**睽**

六神	伏神	本卦			變卦	
玄武		父母庚戌土	⚋	應	X→官鬼己巳火	⚊
白虎		兄弟庚申金	⚋		父母己未土	⚋
螣蛇	子孫丁亥水	官鬼庚午火	⚊		兄弟己酉金	⚊
勾陳		父母丁丑土	⚋	世	父母丁丑土	⚋
朱雀		妻財丁卯木	⚊		妻財丁卯木	⚊
青龍		官鬼丁巳火	⚊		官鬼丁巳火	⚊

年生，今年五十二歲，生肖屬豬。我依其問測時間，起六爻卦如下：

國曆起卦時間：2010年10月2日9時58分

農曆：庚寅年八月二十五日巳時

干支：庚寅年　乙酉月　乙酉日　辛巳時（日空：午未）

神煞：驛馬—亥　桃花—午　日祿—卯　貴人—子，申

斷卦：

首先，我斷言，此人交際手腕不錯，為人活潑，到處跑，懂得生活享受，且善於應變。因其信息上有飛神午火，然乙酉日午、未空亡，伏神亥水得出。午為其財，財臨空亡，故說明他本身欠缺資金；又臨子孫爻、臨螣蛇。子孫爻為遊玩之神；螣蛇則主變化。且從日柱干支

來查，乙酉日，巳酉丑馬在亥，臨馬星，綜合以上原因，故如此斷。

我又斷言，兩人雖為多年好友，但若合夥，最終不但口舌纏身，還會反目拆夥。原因兩人所在的二、三、四爻合成一個離卦，主分離、拆夥；求測人信息臨朱雀，面臨口舌紛爭；更重要的是，本卦歸妹，變為睽卦，睽者，反目之象。

不僅如此，我說，重要的是兩人的合夥生意，看似前程似錦，實際操作之後，才發現困難重重，求財不利。原因在於求測人臨財爻卯木，正應農產品，故看似前景不錯，然酉月、酉日測卦，則卯木不單逢月破，且兼日破，嚴重破財之象，當然求財不利。另一個角度，從大象來看，主卦為我（金）來剋木，而變卦為他（火）來剋我，一樣不利。

綜合以上六爻卦的信息，我勸吳先生不合夥為宜。由於他前幾次來問測投資事宜都很應驗，因此這次他完全聽從我的意見，最終沒有入股。

隔年，也就是2011年夏末，吳明新先生再來我處求測，並感謝我的意見，勸阻他不要合夥。因為後來有其他兩位朋友心動入夥，但經營一開始就陷入困境，以致賠本經營了半年多以後，終於撐不下去，最後血本無歸。而且在經營的後期，爭執不斷，現在三人形同陌路。一場合夥求財的生意，不但各賠了一百萬，還賠上了多年的友誼，實在令人不勝唏噓。

四 步步高升

此一升官發財例透過多種術數模式的綜合占斷，說明人的命運有其運行之軌跡，如此我們才能準確地測斷求測人的事。

陳素貞女士時常來求測，她此次前來是為了兒子之事。他的獨子鄭春雄在國防部任職，平日住在臺北，放假時才回家。

據他兒子說，早在去年中，他的直屬長官就告知他，不論排資論輩亦或是按照績效，他都符合升職的條件。因此只要單位有缺，長官便會將他提報上去。而就在年末，單位剛好因為人員調動而有一職缺要人補實，他的兒子心理想，機會來了，這次終於能夠升官了。

由於陳女士來我處問測多次皆十分靈驗，因此，雖然此事他的兒子認為十拿九穩，她

六神	伏神	兌宮：澤地萃 本卦		兌宮：澤水困 變卦
白虎		父母丁未土 ▅▅ ▅▅		父母丁未土 ▅▅▅▅▅
螣蛇		兄弟丁酉金 ▅▅ ▅▅	應	兄弟丁酉金 ▅▅ ▅▅
勾陳		子孫丁亥水 ▅▅▅▅▅		子孫丁亥水 ▅▅▅▅▅
朱雀		妻財乙卯木 ▅▅ ▅▅		官鬼戊午火 ▅▅ ▅▅
青龍		官鬼乙巳火 ▅▅▅▅▅	世	X→父母戊辰土 ▅▅▅▅▅
玄武		父母乙未土 ▅▅▅▅▅		妻財戊寅木 ▅▅▅▅▅

還是想幫她兒子問測他此次升官之事，會不會有其他人來攪局。為此，我同時依其問測之時間，同時起了六爻卦、六壬課，以及奇門局為陳素貞女士綜合斷卦。分別如下所示：

國曆起卦時間：2012年2月11日9時33分

農曆：壬辰年正月二十日巳時

干支：壬辰年　壬寅月　壬寅日　乙巳時（日空：辰巳）

神煞：驛馬—申　桃花—卯　日祿—亥　貴人—卯，巳

斷卦：

命主鄭先生一九八三年生，今年三十歲，生肖屬豬。問測官運，用神要取官鬼爻。而在此六爻卦中，

命主不得位，又佔子孫爻，子孫爻專門破官鬼爻，不利升官；又在此卦中，官星巳火臨動爻，化為父母爻辰土，官星洩氣，亦不利升職之象。

又從另一個角度來看，壬寅日屬甲午旬，甲午旬中辰、巳空亡。此卦官鬼巳火動而化辰土，此乃為由空化空，空歡喜之象。故自六爻卦來看，肯定命主升官無望。接著再看大六壬所呈現的結果：

壬辰年　壬寅月　壬寅日　乙巳時

月將：子

三傳

財　午　后

官　丑　勾

父　申　玄

四課

蛇	常	勾	后
辰	酉	丑	午
酉	寅	午	壬

天地盤

	青	勾	六	朱	
	子	丑	寅	卯	
空	亥			辰	蛇
虎	戌			巳	貴
	酉	申	未	午	
	常	玄	陰	后	

斷卦：

在此六壬課中，命主天盤下有官鬼辰土，升官有望。然而，臨天空；又官鬼辰土臨空亡，且春天測卦，春天木旺而土死，官鬼辰土難以填實，無官之象甚明。

又月柱為兄弟宮，故取月支寅木為其競爭對手，寅上有酉金官鬼，有官之象；且臨太常，問測官運，文官看青龍，武官則看太常。今命主任職於國防部，當然屬武職，競爭者既臨官鬼，又臨用神太常，故升官的是競爭者。此象非常明確。

再看三傳之信息，三傳為午火生丑土，丑土生申金。丑土為命主之官星，說明他在中段時曾經有過升官之機會，但最後則是寅木之官鬼申金臨玄武，玄武主暗昧，說明最後時刻，競爭者透過私底下的運作，得到了官位。接著再看奇門局所顯現的信息：

壬辰壬寅壬寅乙巳時辰巳空亡

值符：甲辰壬天英星值使：景門立春中元陽遁五局

值符 天英星　壬 開門　　乙	螣蛇 天芮星　丁 休門　　壬	太陰 天柱星　庚 生門　　丁
九天 天輔星　乙 驚門　　丙	戊	六合 天心星　己 傷門　　庚
九地 天沖星　丙 死門　　辛	玄武 天任禽星　辛戊 景門　　　癸	白虎 天蓬星　癸 杜門　　己

斷卦

在奇門局中，命主信息落於乾宮，且臨杜門。在奇門中問測官運，文官看開門，武官看杜門。命主臨杜門，本來當官有望。

然乾宮剋值符、太歲之巽宮，說明命主本人平時不懂迎合上意，專門與上司唱反調。又臨白虎，說明命主為此事心理壓力很大。而對手壬乘天英星落巽宮，與太歲壬同一信號，說明對手與上級信息相通。又臨值符、太歲，皆為當權之符號。

再從另一個角度來看，現任的值符為甲辰壬，為兄弟宮之壬；下一輪的值符則為甲寅癸，為求測人。此正說明命主欠缺臨門一腳，與官位擦身而過，必須等待，假以時日才有升官機會。而此次當官的是競爭者。

分析完所有信息之後，我告訴陳素貞女士，此次的職缺雖然看似非妳兒子莫屬，但是會有競爭者出現，競爭者檯面下的運作頻頻，故最後的結果是由競爭對手升官，妳的兒子還需要再等一等。

隔週上班時間，鄭春雄先生刻意探採長官的口風，故意提及聽說這次的職缺會有空降的競爭者，要請長官多提拔他了，沒想到長官的反應冷淡，支支吾吾，更讓他心生懷疑。果不其然，與我所測的結果完全一致，結果最後這個職缺是由一個外單位空降來的，不僅年紀小他兩歲，而且資歷、績效都不如鄭先生的人，補上這個位置。

由此實例可以得知，一個命理諮詢師學術全面而多元的優勢。更可以清楚地看到，當一件事情的氣數確定以後，不論你自哪個角度去看，都是相同的結果。這就像林志玲這樣的美女，不論你從哪個角度看，都是美女，無不令人賞心悅目，是相同的道理。

五 吉屋求售

一對約莫六十歲的夫妻經由朋友介紹來我處求測。經相詢，男子名叫蔡文俊。兩人說，因為家中孩子想要出國留學，需要用到一大筆錢，兩人住在鄉間，而尚有兩幢在鎮上的房子可以變賣。已經委託仲介公司銷售了，想問測買賣房子的結果如何？我即依其問測時間，起六爻卦如下：

國曆起卦時間：2010年9月25日9時58分

農曆：庚寅年八月十八日巳時

干支：庚寅年　乙酉月　戊寅日　丁巳時（日空：申酉）

神煞：驛馬—申　桃花—卯　日祿—巳　貴人—丑，未

巽宮：風火家人　　　　艮宮：山火賁

六神	伏神	本卦		變卦
朱雀		兄弟辛卯木 ⚊		兄弟丙寅木 ⚊
青龍		子孫辛巳火 ⚊	應	O→父母丙子水 ⚋
玄武		妻財辛未土 ⚋		妻財丙戌土 ⚋
白虎	官癸辛酉金	父母己亥水 ⚊		父母己亥水 ⚊
騰蛇		妻財己丑土 ⚋	世	妻財己丑土 ⚋
勾陳		兄弟己卯木 ⚊		兄弟己卯木 ⚊

斷卦：

在我的詢問之下，求測人告知，兩幢房子都在男主人名下，蔡先生今年五十八歲，生肖屬羊。兩棟房子中的一棟屬於坐西南向東北；另一棟則是坐西北向東南。根據上述的條件，我取二爻丑土代表坐西南向東北房舍之信息；並取四爻巳火代表向東南宅第之信息。

首先我斷，這兩棟房子都已經有相當的屋齡了。原因在於就大象言，家人卦屬於巽宮卦，五行屬木，於秋季走死地，此為卦氣不足之卦；又巳火位於上卦為巽；丑土位於下卦為離，皆為休囚之卦，故如此斷。

求測人回答，確實如此，屋齡一間十幾年，另一間也已超過二十年了。

我再斷，兩間房子相比較，東南向的房子靠主要道路近，較臨近中心區，價值較高；而東北向的房子離主要道路較遠，離中心區域較遠，價值相對較低。因巳火居於五爻，五爻為君位，故接近中心區；又巳火臨青龍，又為祿神，因此肯定價值較高。丑土居於二爻，離五爻較遠。又子午卯酉為四正，屬正中心區；其次為寅申巳亥為四隅，屬正中心區之邊緣；而辰戌丑未則屬於偏區，故云。婦人回覆，預測得很準，確如我所言，東南向的房子靠近中心區，在郵局旁邊，人來人往，當初以一千兩百多萬買下；另一棟房子則在比較郊區，幾年之前以四百八十萬購得。她進一步追問，這幾年房價上漲，不知此次買賣房子，能夠賺上多少錢？

最後我斷言，雖然東南向的房子較有價值，也比較臨近中心區，且在託售過程中，陸陸續續會有不少人感興趣，但是始終無法賣出；反之，市郊的房子雖然比較少人聞問，但是最終能夠在年末脫手，但是價格方面，切勿抱持太高的期待，肯定高不了。原因在於，五爻巳火臨子孫爻，又臨青龍、祿神，且臨動爻，因此，一定有不少人詢問，但是巳火化出了子水回頭剋，而二爻丑土則已臨財爻，容易變賣成錢財。再者，動爻巳火來生求測人信息，此為貨戀人，難賣；反觀二爻丑土，與求測人信息成相沖關係，相沖則離人而去，故貨易售。年末脫手之原因，在於丑月，房宅信息臨月建旺相來沖求測人信息之故。而價格不高的原因在於，二爻丑土雖臨財爻，但財伏吟，伏吟者，不動之象，故肯定高不了。

兩夫妻臉上皆露出不相信的表情。他們表示，雖然前面所測皆非常符合現狀，然依據他們原本的設想，郵局旁的房子比較搶手，應該很快便能賣出，而且依近年房市的行情，賺個兩百萬左右想來不成問題；郊區的房子，恐怕根本乏人問津。但我說，根據卦象，確實呈現出上述的信息。蔡先生兩夫妻就在狐疑之下離開我處。

隔年農曆三月間，夫妻倆因為兒女之事再度上門求測。並主動告訴我，他們在求測之後，還主動將郵局旁的房子之價格稍降低了些，出價一千四百萬；郊區的房子則標定六百萬。而在銷售過程中，郵局旁的房子確實看屋詢價、出價的人不少，但最後都無疾而終；而郊區的房子，看房子的人並不踴躍，也只有幾人出價，最後在討價還價之後，於年底以五百萬元售出，故總結而言，此次買賣房子，扣除仲介費用，幾乎打平。至此，當初六爻卦所斷盡皆應驗。

六 一卦多斷

這個卦例是我2011年4月份應人之邀，在一間大廟為人義務命理服務的卦例。服務時間為上午的9點至11點，也就是巳時。於是透過時空起卦之方法，其卦如下：

國曆起卦時間：2011年4月16日9時6分

農曆：辛卯年三月十四日巳時

干支：辛卯年壬辰月　辛丑日　癸巳時（日空：辰巳）

神煞：驛馬—亥　桃花—午　日祿—酉　貴人—寅，午

斷卦

由於是定時定點的義務服務，因此，在短短一個時辰之內，有許多人問卦，以下就是其中的一部分。

六神	伏神	本卦：風火家人			變卦：風雷益	
騰蛇		兄弟辛卯木	▬▬▬		兄弟辛卯木	▬▬▬
勾陳		子孫辛巳火	▬▬▬	應	子孫辛巳火	▬▬▬
朱雀		妻財辛未土	▬ ▬		妻財辛未土	▬ ▬
青龍	官癸辛酉金	父母己亥水	▬▬▬		O→妻財庚辰土	▬ ▬
玄武		妻財己丑土	▬ ▬	世	兄弟庚寅木	▬ ▬
白虎		兄弟己卯木	▬▬▬		父母庚子水	▬▬▬

一、劉文朗先生問諸事

劉文朗先生是民國五十年生人，生肖屬牛。以下是他所問的各種有關財運投資的事項。

1，劉先生平常有在比賽賽鴿，他問及此次的比賽，能否得財？

答：肯定能得財，但財有限，因此，別抱持太大期望。

分析：

丑臨妻財爻，臨玄武，玄武主暗昧。綜合來說，就是賭博得財之信息。丑為艮卦，艮為手，玄武財到手，因此，得財沒有問題。但丑臨妻財居於二爻，二爻為低；且測卦之時為春季，丑為土，於節氣上走死地；又丑化為兄弟爻寅木回頭來剋財爻丑土，因此，從這些資訊綜合來研究，財很有限。

2，有朋友提議合作投資土地開發事宜，前景如何？

答：不宜投資，投資必賠錢。

分析：

丑為土臨妻財，似乎是投資得財之象。但月柱為兄弟宮，兄弟宮主合作、合夥方面的信息，今丑土臨月破，也就是月柱兄弟宮來破丑土之財，雖然今日為丑日，月破不成，但畢竟有此象出現；又丑土化為兄弟爻寅木回頭來剋制妻財爻丑土，兄弟爻亦為合作、合夥之信息，今兄弟爻寅木回頭剋財爻，為合夥破財之象，合此兩點綜合研判，此合作投資案必定賠錢，不宜冒進。

3，投資瓦斯方面的行業，求財有利否？

答：投資瓦斯事業必不利，不宜。

分析：

瓦斯為一種氣體，用來生火之用，因此，其信息要取巽卦，綜合分析之後，取四爻巳火為用神。今四爻巳火來生丑土妻財，本為得財之象。但關鍵在於測卦之日為辛丑日，辛丑日屬於甲午旬，甲午旬中辰、巳空亡。也就是說，巳火臨空亡，空亡者落空之象，氣數不足，因此，此投資方案必定不成，不宜。

4，接著劉先生問及他的身體健康狀況如何？

答：肝膽方面健康欠佳，這種情況從 2010 庚寅年開始，就已經有明顯的感覺了，要注意防範，並且調理。劉先生回覆說斷得非常準，他去過醫院檢查，肝膽方面確實不好，膽方面還有結石問題，症狀與時間點都斷得非常準確。

分析：

因二爻丑臨妻財，化為寅木回頭剋制丑土，剋我者為官鬼，官鬼主疾病方面的信息。又木主肝膽，故斷其肝膽方面不佳。又春季測卦，木旺而土走死地，因此，剋制之力量極大，必須提防、調理，不可輕忽。斷此症狀自 2010 年開始明顯有感覺，是因為，官鬼為寅木，故斷寅年。

二、陳秀芸小姐問測感情

經我詢問之下，陳小姐說明她與先生結婚五年多，育有一女。她民國六十六年生，生肖屬蛇；她先生民國七十年生，屬雞。

1，首先，我向陳小姐說，妳的先生長得很好，而且異性緣很好，桃花很旺，為此，妳常感到困擾。

陳小姐回覆，確實如此，她老公長得很好，桃花很旺，她詢問老公，老公都推說沒有，偶爾聽到一些朋友向她提及，要她注意此點，她確實為此感到困擾，只是苦無證據而已。

分析：

今酉金伏於三爻亥水之下，三爻臨青龍，因此，斷言他長得很好。從日柱辛來查找，酉金上之飛神臨沐浴，沐浴主桃花方面的信息；又三爻所在之下卦為離卦，從日柱來查找神煞，為巳酉丑見午為桃花，離卦即午火。合此兩點，足可斷言他有桃花之事。今沐浴為亥水來沖且剋制女子之巳火，剋我者為官鬼，官鬼主壓力，因此，女子必為此感到壓力、困擾。

2，你們兩人的相處並不和諧，妳的老公對妳並不好，尤其是觀念上可以說是南轅北轍、衝突不斷，對妳而言，常常有受傷的感覺。求測人回覆，確實如此，老師斷得很準，在婚姻當中，她常有這樣的感受。

分析：

因為男子酉金伏於三爻亥水之下，居陽爻，女子的信息在五爻，也佔陽爻，陽與陽相斥，故兩人相處不和諧；又酉金上之飛神要來剋制女子之巳火，亥為頭，主觀念思想之信息，故兩人常衝突，觀念不合，巳火受剋，故女子必有受傷之感。

3，最後我斷言，由上述種種原因，你們的婚姻正走向結束，尤其是妳，主動想要抽離、放棄這段感情，對吧？說到這兒，女子眼中含淚，回答說老師您斷得非常準，我確實有意要提離婚，想要結束掉這段婚姻關係。

分析：

女子信息居於五爻；男子信息位於三爻。兩人所在位置加上四爻，合成了一個離卦，離卦主分離。而且辛丑日屬於甲午旬，甲午旬中辰、巳空亡，女子佔空亡。綜合而言，兩人感情正走向結束，女子想要抽離、放棄這段感情。

三、吳品欣小姐問公職

經相詢，吳小姐生於民國七十八年，生肖屬蛇。我仔細分析之後，告訴吳小姐，考公職機會渺茫，勸她另立努力的目標。

分析：

巳火居於四爻位置，辛丑日屬於甲午旬，甲午旬中辰、巳空亡，臨空亡，落空之象，此其一；考公職應該父母爻為用神，今用神父母爻亥水，要來沖剋求測人之巳火，因此，此事必不成。

四、黃玉貞小姐問換工作之事以及身體健康

經過詢問，黃小姐生於民國七十二年，生肖屬豬。她從事的是房屋仲介的工作，想從

現在這家公司，換到另一家性質相同的仲介公司，她已經與另一家公司的總經理談得差不多了，她想問轉換公司，對她是否比較好？

1，首先，就身體而言，我肯定的告訴黃小姐，身體方面，只有脾胃消化系統不佳的毛病，平日有時會感到不舒服，但是根本上來說，並沒有特別的大問題，其他方面更沒有什麼問題。但是到了這個月，就在清明節過後，也就是四月上旬以來，脾胃方面特別感到不適，比以前感覺更糟。

黃小姐回覆，正如老師所說，症狀與時間都十分吻合，脾胃消化系統平日就不是太好，最近更常常感到嚴重的不舒服，懷疑是否有什麼問題。

分析：

因為黃小姐的信息落在三爻，今三爻臨動爻化為辰土，辰土回頭來剋制亥水，剋我者為官鬼，官鬼為疾病之信息；又土主脾胃，故斷言消化系統不良。然而，辰土臨空亡、臨日破，因此，氣數不是太足，故斷言平時不是太嚴重者為官鬼，官鬼為疾病之信息；但辰臨月令，因此，辰土的氣數比較旺相，因此，四月上旬以來，明顯感到不適。

2，就變換工作方面，我斷言，妳應該是在去年年底的時候，心中就想要變動了，對吧？黃小姐很驚訝地承認，她確實在去年年底左右，就開始醞釀著跳槽之事了。

分析：

因為黃小姐的信息落在三爻，臨父母爻，父母爻為工作的信息，今父母爻臨動爻，動爻為動態，主變動；又從日柱辛丑來查找，辛酉丑馬在亥，亥水臨驛馬星，驛馬亦為變動的信息，又亥為頭，主思想觀念。合而言之，故如此斷言。

3，但是，我接著說，按照卦象所顯示的信息，妳現在也許覺得過去那家公司比較好，但是過去之後，遠不如妳原本想像得好，依照我的建議，應該暫且不動為宜。由於我斷卦的內容與她自身的情形高度地吻合，因此，黃小姐決定要聽從我的建議，暫時不動為宜。

分析：

亥水佔父母爻，臨動爻，變動的結果看變卦，今亥水變動所化為辰土回頭來剋亥水，變動不吉之象；又原來亥水居於主卦之下卦，其下卦為離火，我剋者為財；今變動之後，變卦之下卦為震卦，震卦五行屬木，要來盜洩亥水的能力，合此兩點，足見變動無法帶來更好的結果，因此，建議不動為宜。

事實上，在這短短兩個小時之間，一共計有九組人問測，限於篇幅的關係，就不一一細論了。而在這些人當中，如上述之劉文朗先生，還不只問測一事。而自這個占例可以看到，六爻時空卦的體系一旦展開，確實可以同時為多人斷多事，真正達到「一卦多斷」的上乘境界。

柒・命運好好玩

一 奇門遁甲預測實例二則

1，這支股票能不能買？

由於股票是現代事務，在古代的奇門遁甲經典中當然沒有述及，然奇門為高級預測學，無所不斷，故以下即依奇門之理予以推斷。緣起於今年春季會兩位好友何杰生以及詹良平於竹北春水堂，期間朋友問及一支名為誠研的股票前景如何？於是起奇門局為朋友預測

2012年03月13日　17時18分起奇門遁甲局如下

壬辰年癸卯月癸酉日庚申時戌亥空亡驚蟄中元：下元陽遁七局

值符：甲寅癸天沖星值使：傷門

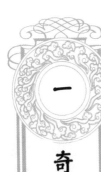

九天 天任禽星　己丙 生門　　　丁	值符 天沖星　癸 傷門　　庚	騰蛇 天輔星　丁 杜門　　壬
九地 天蓬星　辛 休門　　癸	丙	太陰 天英星　庚 景門　　戊
玄武 天心星　乙 開門　　己	白虎 天柱星　戊 驚門　　辛	六合 天芮星　壬 死門　　乙

斷卦：

據朋友說明，此公司乃是生產相片印表機，提供給便利商店，讓顧客可以付費列印照片。

在整個奇門局中，兌七宮有景門，且有天英星，主帶火、帶電的事物，且有庚金為機器的信息，戊為錢，太陰，被動地收錢，故以此宮代表誠研。景門落兌宮，且在春天求測，本為有利；求測人為戊申人，又戊落坎宮，與生門之巽宮相生，然兩者皆在內盤，故利於短線操作。

然而，值符之生剋耗洩作用代表了影響股市行情的一些具體因素，在此局中，值符落於離九宮來剋兌七宮，因此，在離宮的時空點，將會出現不利誠研行情的一些具體的、主流的影響。且只要天氣轉熱，值符宮的力量就開始轉強。

綜合而言，則應說此支股票在此時（卯月）現出前景不錯，小幅上漲之勢，但是天氣逐漸加溫，值符力量逐漸加強，則其行情將逐漸下修，天氣愈熱愈不利。在夏天甚至將會有較強的不利因素使其出現較大的跌幅。

因此，力勸求測人在清明節以前，短線操作後獲利了結，不再繼續持有該支股票。

附註：

數術模式一律依照二十四節氣來推算。因此，所謂的夏季，指的是農曆四月的立夏、小滿，五月的芒種、夏至，以及六月的小暑、大暑。經查萬年曆後得知，約莫是國曆五月初至國曆的八月初。

此例為國曆 3 月 17 日預測，查當日誠研的收盤價為 26.3 元。國曆 8 月 7 日為立秋，夏季結束，秋季正式開始，查夏季最後一日，也就是國曆 8 月 6 日當天，誠研收盤價為 15.6 元。

也就是說，從預測當日起自夏季的最後一天，尤其是夏季，誠研的股價從 26.3 元跌至 15.6 元，總共跌了 10.7 元，也就是跌幅達到價股的四成左右，跌幅不小。至此，易簡當初的預測全數應驗。奇門遁甲精準地預測出股票的走勢。

2，我倆到底出了什麼問題？

這是一個有關夫妻相處之道的預測，主要是透過奇門來占斷兩性關係。陳太太常來我處求測，這次前來主要是問她身體方面的狀況。由於她時常問測，深知我奇門遁甲依時空起卦且無須當事人親臨的本事，在問測快要結束前，她向我提出她想知道大女兒與女婿之間為何結婚了七、八年還遲遲不生育？

兩人之間就她看來應該感情不錯，她大女兒在科學園區上班；她女婿在一家鐵工廠工作，兩人工作都很勤奮，因此，經濟上不成問題，是否兩人身體上有什麼問題，以至於遲遲沒有小孩？

於是，我便依其求測時間起奇門局為他斷卦。

2011 年 11月 12日　10時 32 分起奇門遁甲局如下：

辛卯年己亥月辛未日癸巳時戌亥空亡

值符：甲申庚天輔星值使：杜門立冬上元陰遁六局

玄武 天柱星　乙 杜門　　丁	白虎 天心星　戊 景門　　丁	六合 天蓬星　癸 死門　　壬
九地 天芮禽星　壬己 傷門　　　辛	己	太陰 天任星　丙 驚門　　乙
九天 天英星　丁 生門　　丙	值符 天輔星　庚 休門　　癸	騰蛇 天沖星　辛 開門　　戊

斷卦

陳太太的大女兒今年三十七歲，信息落於巽四宮；她的先生今年四十一歲，信息則落於乾六宮。

我仔細分析了此奇門局約莫十多分鐘。分析明白後，一時不知該如何啟齒。並非是斷不清楚，而是與問測人的認知之間有著極大的落差。想想之後，也只能照實依著奇門的信息來陳述了。

我首先論斷，妳的女婿個性比較急躁衝動，為人交際很懂得應變。陳太太數度點頭稱是。因為當事人乘的是天沖星，並落有螣蛇。而沖星主急躁衝動，螣蛇主善變。

但是，我接著說，他的工作情況不佳，時有時無，且態度不甚積極，因此，本身收入與經濟不好。

因為，乾六宮落有開門，開門為工作的符號，今辛未日屬於甲子旬，甲子旬中戌、亥空亡，也就是乾宮空亡，又落有螣蛇，故工作時有時無，態度不積極。又乾宮地盤若有戌，戌為錢財的信息，今乾宮空亡，因此，斷言收入不佳。

陳太太說到，她的女婿的性格雖然如我前面所斷的那樣，但是工作方面一向積極進取，收入也很不錯，只是鐵工廠的工作比較辛苦了點。說到這，陳太太開始表示不認同了，並開始反駁我的斷語，雖然這種情形在我的預測經驗中，並不多見。然而我心想，奇門局所顯示的信息確實如此，做為一個專業的命理諮詢師，我必須相信我的判斷，跟著卦象走。

接著我說，妳的女兒脾氣不好，而且在婚姻的經營上，欠缺溝通意願，常將內心感受隱藏，與另一半的溝通技巧亦不佳。因巽四宮落有乙與庚，乙庚為夫妻之道。又落有天柱星與杜門，柱星主謾罵、毀折，故脾氣不好；又杜門主閉塞，乙庚夫妻之道臨杜門，故兩性之間溝通不佳，女方隱藏內心感受。

陳太太回答，女兒的脾氣確實不好，說話有時也很衝，自小就不太愛表達內心感受，但那是個性問題，她從兩人的互動看，覺得兩人感情應該不錯。陳太太再度質疑我的斷語。

我再論斷，兩人之所以遲遲沒有生育，最主要的問題在於，兩人對於生小孩的意願不高，尤其是妳的女兒，根本不想要小孩。因為時柱代表小孩的信息，今癸落於坤二宮，男方的信息落於乾六宮來洩坤宮之氣，又臨空亡；女方信息落於巽四宮來剋坤二宮，故有此斷語。

說到這兒，陳太太的臉部表情整個拉了下來，她無法置信，她說，照她平日的觀察，夫妻倆常常喜歡逗弄、抱一抱親戚或朋友的小孩，應該是很喜歡小孩才對，她也鼓勵他們好幾次，他們都回答說正在努力之中，因此，應該不會不想要小孩吧？

我能理解她的反應，因為那與她的理解相距甚遠。但根據奇門局的信息，我繼續說，他們不想要小孩的關鍵，在於他們之間的感情婚姻出了麻煩。妳的女兒看不起丈夫，在思想觀念上常有不和，她常常數落他，兩人常常爭吵。妳女婿對於此段感情的態度冷淡；妳女兒甚至有點不想繼續經營這段感情，她現在處於思想混沌不清的狀態。

原因在於九星主人的精神思想層次，今女方臨天柱星來剋男方之天沖星，故思想觀念不和，又天柱星主毀壞、口舌爭吵之信息；今男方落於乾六宮來剋女方所在的巽宮，因此，男方也不甘勢弱，故為相互爭吵的態勢。

在奇門遁甲中，以乙庚之道以及六合來代表夫妻關係的信息，今男人落於空亡之地，且又來剋制落於巽宮乙庚之道，故男人對此婚姻態度冷淡；又女方臨乙庚之道，又落有玄武，玄武主混沌曖昧，因此，對此婚姻充滿不確定感，又日干辛到巽宮為死地，故對婚姻感到死心了，且臨乙庚之道來剋六合所在的坤二宮，故有如此的斷語。

說到這兒，陳太太懷疑的表情就不加掩飾地全寫在臉上了。但由於她常來我處求測，也不願再多表示看法，但從她的反應可以得知，她對於此次預測的內容，感到不太滿意，最後也就悻悻然地離開了。

附註1：

隔了兩天，陳太太打電話給我，謝謝我的預測。因為她回家後直接打電話向女兒詢問兩人婚姻狀況，沒想到在她的多方逼問之下，她的女兒竟然開始泣訴，訴說她的感情婚姻出現的嚴重問題。

她說這兩三年來，先生的工廠由於訂單不足，常常放無薪假，因此，收入很差，有時還不到自己收入的三分之一。放假在家的時間，她先生多半在家看電視、上網打電玩，態度很消極。她認為年紀輕輕不應該如此，應該找尋兼職機會，甚至另謀出路，但不論怎麼勸，先生都依然故我。於是，數落、謾罵、爭吵也就隨之而來，結果是愈吵愈兇，感情愈來愈壞。

因此，雖然她很喜歡小孩，但是面對這麼消極不負責任的老公，她實在無法承擔，她甚至懷疑值不值得繼續付出，維繫這段婚姻關係。

至此，我的奇門預測全數應驗。

附註2：

2012年六月，陳太太又因其他事情再度來我處求測，並且告知她的大女兒與女婿的婚姻已經不保，由女方主動提出離婚，兩人現在正在協議當中。

二 大六壬預測實例三則

1，何時才能找到工作？

一卦多斷與時空起卦之（上）

近年來失業率一直居高不下，因此，失業後求職順利與否？適合做哪一方面的工作？何時才能找到工作的問測？也愈來愈多。

林芳如女士曾來我處求測數次，知道透過大六壬與奇門遁甲占測，不必本人親自求測。她這次想請教的是，她的兒子名叫楊文榮，民國五十七年生，目前正在找工作，失業在家已經約莫半年了，她想請教兒子到底何時才能找到工作。於是我便依其求測時間起一六壬課為他斷卦。

2012年6月23日　9時38分起六壬課如下：

壬辰年　丙午月　乙卯日　辛巳時
甲寅旬子丑空　月將：未

三傳

官申勾
財戌朱
父子貴◎

四課

青	虎	勾	空
未	巳	申	午
巳	卯	午	乙

天地盤

	青	勾	合	朱	
	未	申	酉	戌	
空	午			亥	蛇
虎	巳			子	貴
	辰	卯	寅	丑	
	常	玄	陰	后	

楊文榮先生，民國五十七年生，今年四十五歲。首先，我向求測人說到，妳的兒子是一個很嚴肅，平時比較不苟言笑的人。因為信息臨官鬼，官鬼主嚴肅。求測人點頭說是。

其次，我斷言求測人的兒子雖然為人嚴肅，但是遇事好辯解，有時甚至強詞奪理，爭辯起來咄咄逼人，臉色難看。因為楊先生的信息在地盤臨朱雀，在天盤臨勾陳，朱雀為口舌、爭吵之信息；勾陳主爭鬥，兩相結合，故有此斷語。只見求測人頻頻用力點頭，說她兒子就是這樣，有時明明自己理虧，還要硬拗，如果和他稍有爭論，他的臉色就像兇神惡煞一樣，非常難看。

我又說，妳兒子在職場上，與同事之間相處不愉快，而且常受到一些不相關的事情牽連，這方面常常給他帶來很大的壓力，讓他有點難以承受。因為勾陳主牽連、牽扯之信息。天盤下有午火來剋著楊先生之信息，午火占月柱，為兄弟宮，主同事之信息，因此這樣斷。她的母親說，確實是這樣，他原本在一家電子公司擔任電腦工程師的工作，月入六、七萬，但是工作一年多以後，常抱怨同事之間的相處，讓他感到很不愉快，而且工作上常牽扯一些原本與他無關的事。後來索性辭職重新找工作，沒想到一拖就是半年，為此，她數次叨唸兒子不該這麼衝動，為此，兩人還鬧得很不愉快。

再者，我斷言命主為此事心中壓力很大，但是就妳看來，妳的兒子找工作不太積極。因楊先生臨初傳臨官鬼，官鬼主壓力，又初傳主頭，因此，楊先生為此心中亦承受了非常大的壓力。但從日干來查找，乙木到申為胎地，說明他像個胎兒一樣，睡得多，醒著少，也就是不太願意動。

他的母親點頭說，確實如此，雖然看得出他有壓力，但是常看他在上網，比較少出門，每次說他，他都說在上網找工作。母親認為，不應該一味上網找工作，有時候必須主動出擊，不要一直待在家裡，機會不會從天下掉下來。

以大六壬占測，問工作方面之事，當然是看父母爻的信息。今天地盤中，求測人信息臨父母爻了，不僅如此，而且此一信息還上了三傳了，上了三傳的信息，必定能成為現實之事。印星上傳，此事必成，時間出現在中傳印星的時空點，又此課為外事門發傳，外事門發傳主遠；內事門發傳主近。因此，此事絕非短期內可以解決。

分析了一會兒，我向求測人說，在今年夏天，妳兒子的工作恐怕難有著落，但到了立秋之後，妳兒子感覺上就會比較積極、主動了，到了秋季結束前，也就是立冬之前，妳的兒子必能找到工作，妳也就不用太過擔心，不要一直提醒他，免得兩人又鬧得不愉快了。

聽了我的斷語，林女士鬆了一口氣，帶著微笑離開了我處。

2，十二年國教申請入學結果如何？

一卦多斷與時空起卦之（中）

十二年國教推行以來，升學呈現多元趨勢，有申請入學、推甄、聯合登記分發，搞得很多家長焦頭爛額。

在林芳如女士離開我處不久，有一位吳淑君女士帶著她的女兒，前來我處求測，她已經是第二次來求測了。她這次前來是想知道，關於女兒學業方面的事。她是苗栗人，她的女兒今年要上高中，依據現行制度，她為女兒申請了苗栗高中，但不知能否上得了。希望能夠透過占測，預先知道結果。

我看了一下手錶，時間為十點四十二分，由於現在時間依然是巳時，因此，依求測時間所起之六壬課與前一位林芳如女士課式完全相同。故依舊用此卦為吳淑君女士論斷卦。

2012年6月23日　10時42分起六壬課如下：

壬辰年　丙午月　乙卯日　辛巳時

甲寅旬子丑空　月將：未

三傳

官申**勾**

財戌**朱**

父子**貴**◎

四課

青	**虎**	**勾**	**空**
未	巳	申	午
巳	卯	午	乙

天地盤

	青	**勾**	**合**	**朱**	
	未	申	酉	戌	
空	午			亥	**蛇**
虎	巳			子	**貴**
	辰	卯	寅	丑	
	常	**玄**	**陰**	**后**	

斷卦

吳女士的女兒名叫鍾孟芸，民國八十六年生，今年十六歲。我詢問了吳女士申請學校與其住家的相關位置。吳女士告知苗栗高中位於她家南方，離家比較近；如果上不了苗中，她考慮給女兒到北邊較遠、位於新竹的私立學校就讀。

首先，當事人的信息上了三傳，臨父母爻，臨貴人，因此，我論斷此女從小道德品性良好，在行為管理上，不需父母操心太多。因為臨貴人，又臨父母爻，肯定不是規矩不好的小孩。吳女士微笑地點了點頭。

我再斷，這個小孩從小脾胃消化系統不佳，尤其到了夏天以及秋末，消化方面症狀更加嚴重，比較困擾著命主。因為在天地盤中，當事人天盤之下有官鬼爻戌土，官鬼主疾病方面的符號，又從日柱干支來查找十二狀態，信息臨病地，肯定身體健康欠佳，而戌土主脾胃，故消化系統欠佳。

夏天則火旺土相，土的信息較為旺相有力，因此，在症狀上比較嚴重；秋末者，戌月為秋末，故云。而且此一信息上了三傳，必定成為現實中發生的事情。她的母親憂心地點了點頭，說她女兒一向消化系統不好，尤其到了最近，情形確實更加嚴重。我叮嚀她，到了秋末，症狀不下於夏天，飲食上宜更加留意。

我再論斷，這個小孩功課方面並不是太理想，尤其讀書時，專注力不夠，這是導致她學業成績不佳的最主要原因。因為，當事人臨父母爻了，父母爻主學業方面的信息，今查乙卯日屬於甲寅旬，甲寅旬中子、丑空亡，因此，當事人臨空亡，空亡就是氣數不足，因此，專注力不夠，父母爻又臨空亡，則肯定成績並不理想。

吳女士頻頻點頭，回答說老師您斷得很準，她花在課業上的時間其實很多，但是成績卻不好，因為讀書的專注力確實不好。

升大學之事要看太歲；升高中則看月柱。我仔細地分析此一六壬課式後，告訴吳女士，她女兒申請苗栗中學之事無法如願，肯定上不了苗中，最後的落腳處，將是北方的新竹。

因為當事人信息臨父母爻且空亡，又現在為午月，子水為月破，既空且破，氣數嚴重不足，又從日柱干支來查找十二狀態，子水臨病地，狀態不好。其次，月柱為午火，午火為離卦，為南方，來破當事人的信息點，因此，南方之事肯定不成。今子水臨父母爻，父母爻主學業，子水為坎卦，為北方，因此，在北方讀書。

聽到我的論斷，雖然表情有點落寞，但吳女士說她一切明白，知道未來將朝什麼方向來準備了。就在問完女兒之事後，吳女士又提出另一個問題，我看一看時間，已經是十一點十二分了，因此，必須依午時來起卦，為她斷事……。

3，中年失業怎麼辦？

一卦多斷與時空起卦之（下）

近年來失業率居高不下，使得許多中年人面臨到中年失業，必須轉行另謀出路的情形。而廣設大專院校留下的弊病之一，就是供需失衡，這也使得許多大專院校的教職員工，即將成為中年失業的一群。

前文說到，吳淑君女士在問完就在問完女兒之事後，又提出另一個問題，我看一看時間，已經是十一點十二分了，因此，必須依午時來起卦，為她斷事，方能準確……。

事情是這樣，她與她的的先生陳登翔在一所技術學院任職，她是學校職員，他先生是學校的專任體育老師，最近幾年，學校的招生人數一直不太理想，因此，會有教職員過剩的問題，從前年開始就傳言要解聘一些老師與職員，不知道她與先生的飯碗能不能保得住？今年會不會失業？於是我便依其求測這個問題的時間起一六壬課為她斷卦。

2012年6月23日　11時12分起六壬課如下：

壬辰年　丙午月　乙卯日　壬午時

甲寅旬子丑空　　月將：未

三傳

財辰**勾**

子巳**青**

子午**空**

四課

青	**勾**	**空**	**青**
巳	辰	午	巳
辰	卯	巳	乙

天地盤

	空	**虎**	**常**	**玄**	
	午	未	申	酉	
青	巳			戌	**陰**
勾	辰			亥	**后**
	卯	寅	丑	子	
	合	**朱**	**蛇**	**貴**	

斷卦

吳淑君女士與陳登翔先生都是民國五十八年生，今年四十四歲。以大六壬占測，在同時間同年生的人，可以天盤信息來代表男人，地盤的信息來代表女人，因為天為陽，地為陰。這一點在六爻卦中就難以區隔，此亦六壬與奇門屬於高層預測學的原因之一。

首先，我斷言，對於資遣員工而言，妳做為職員，壓力沒有先生做為教師來得大，先生的處境比較危急。因為地盤信息上有印星戌土護身，天盤信息上則無。再以三傳言，辰土比助戌土，巳、午火來生旺戌土。但對天盤來說，則是來剋其信息，故如此斷。

吳女士憂心地點點頭說，確實如此，因為之前職員的部分已經稍作處理，而且遇缺也半多聘用一年一聘的雇員，因此，壓力較輕。而招生狀況不佳直接衝擊到教師，因此，她先生的壓力的確很大。最近幾年都有傳聞教員過剩，只是沒有實際解聘教師的動作，今年的情況會如何呢？

我仔細分析一下三傳後告訴她，今年肯定會開始啟動精簡人事的動作，絕對會有人遭到解聘。因為三傳為開始，為發端門，初傳臨太歲，故事件從今年開始，必有動作。吳女士一聽更加心急，她進一步問，先生能不能保住飯碗？

我告訴吳女士，今年雖然已經啟動資遣之動作，但是他先生肯定能逃過一劫，不會被解聘；但是從明年開始，壓力會逐漸加大；到了後年，飯碗就不保了。從現在起，就應該預做準備，以免到時措手不及。

原因在於，看三傳之信息，三傳辰、巳、午，為進連珠課，進連珠主速，說明事情的發展速度非常快。又三傳辰、巳、午三會南方木，對張先生言為一官鬼局，此亦正說明此事的嚴重性。

如上所言，今年壬辰，此事發端於今年，但辰土對張先生而言為印星，也就是父母爻。父母爻主工作的信息，因此，今年肯定還有工作。但是發展到巳年，就成為官鬼，成為壓力了，工作就有危險了。到了午年，也就是後年，午臨月柱為官鬼來剋張先生的信息，月柱為兄弟宮，主競爭、打鬥的信號，因此，到了後年甲午年，張先生會因競爭不過同事而遭到資遣的命運。

聽了我的預測，吳女士心中已經知道事情的發展趨勢，她十分感謝我給她的指點，並且說回去會跟先生深談，商討要如何面對這種變局，及早因應。

附註：

從「一卦多斷與時空起卦」這三篇文章中，可以清楚地看到，大六壬透過時空起卦，可以達到一卦多斷，一卦為多人斷多事之上乘境界。

此外，我們透過時空起卦，必須嚴格遵循太陽時，時間過了，必須依時另起一卦，論斷方能準確。由此亦可得知，事情發展的氣數，在時空中早已注定。

三 八字論命實例

易簡認為，為人論命，必須與時俱進，切忌套用傳統慣用的專業術語，類似什麼「殺印相生」、「傷官見官」讓求測人丈二金剛摸不著頭腦；又或是以一種模稜兩可的詩句或斷言來搪塞，令求測人不解其意，必須要像猜謎語一樣去自我解釋。

因此，必須用一種精煉、明晰的語言，讓命主充分理解預測的內涵。以下即以四柱論命之實例來說明，命理師應該提供什麼樣的諮詢內容，俾使求測人有所助益。

黃澄波先生首次來到我處求測，他生於民國五十五年國曆8月3日13時35分，今年四十六歲，他希望我能將其一生大勢予以分析，好讓他對於未來知所因應。因此我以四柱模式為其預測，他的四柱如下：

天河水	沙中金	沙中金	路旁土
丙午	乙未	甲午	辛未
（寅、卯）	（辰、巳）	（辰、巳）	（戌、亥）
丁 己	乙 己 丁	丁 己	乙 己 丁

大運

2—11 丙申

12—21 丁酉

22—31 戊戌

32—41 己亥

42—51 庚子

52—61 辛丑

62—71 壬寅

甲木生於未月，全局火多，取時支未土為用神。

先天信息

1，為人心軟，對人有禮貌，但是內心比較剛硬、缺乏變通力。原因在於日柱干支組合以及納音五行。

2，命主的父親與母親對命主的人生無什麼幫助。因父親之信息為戊土；母親之信息為癸水，局中皆不現。

3，兄弟姐妹、朋友、同學、同事等，對你的人生亦無助益。因月柱有兄弟星來剋制未土之緣故。

4，妻子為人有禮，低調而實在，而且收入還不錯。以夫妻宮中之正財為妻星，而己土藏於祿神之中，故如此論。

5，妻子為人能上能下，不論和長官、長輩，或者同儕，乃至於小輩人都能處得來。因為妻星正財己土在四柱地支中都存在，與四柱皆能通氣。

6，在夫妻的相處關係中，基本上來說，你的妻子比較強勢，居於主導的地位。因日干甲木到夫妻宮為死地，而午之中有妻星己土。

7，你雖然為人好學，但是小時候的學業表現不理想。因命主自坐文昌星，故好學；但身弱，然印星不現，且丙申、丁酉兩運用神受洩之故。

批斷完這七條先天信息，黃先生頻頻點頭，並反應說很準，完全符合他的人生狀況。

後天運勢

1，斷命主出社會一直到三十一歲這步運，一帆風順，尤其財運方面，更是不錯。因走的是戊戌大運，干支皆為局外，然而土的出現，能夠洩火平衡命局，比助用神未土，戊戌皆為財星，而財星來幫扶用神，故應財上之喜。

黃先生反應，確實如此，那時期的薪水很好，約莫有十萬元上下，生活過得很好。

2，我再斷言，命主應該是在二十四歲已巳或二十五歲庚午年時交了女朋友，並於1991辛未年結婚。命主吃驚的回覆，看來一切都是定數啊！我點點頭。

3，但是好景不常，我繼續說，三十二歲之後至四十一歲走的是已亥大運，有了孩子，家庭負擔較重，但於此同時，財務方面卻令你較不自由、空間受到壓縮。因己為局內之五行透出，己為財星來合絆日主甲木之故。

命主反應，很準，因為原任職公司的老闆投資失利，公司結束經營，不得已之下另覓新職，但是薪資一直都不理想，換了數家公司，都碰到類似的情形，平均而言，收入約莫以前的一半而已。他繼續說，他曾經算過紫微，那個紫微老師也是這麼論斷，並且說命主自從有了孩子之後，運勢會一路下滑。

4，在你這步已亥大運期間，你曾經想過要自己創業當老闆。原因在於財星己土來合日干甲木，合亦能夠引動。黃先生說，確實曾經想過自行創業。

5，我再斷言，你的妻子並不支持自行創業的構想，不僅如此，在這段時期當中，妻子常常牽絆你的想法，令你覺得處處受制。原因在於正財妻星己土來合絆用神，絆即是牽制，令甲木日主處處受限，故如此斷言。

黃先生反應，自行創業的事，到了老婆那邊，幾次遭到否決，因此，無法實現；而且這段時期，不知道怎麼搞的，老婆確實處處與他想法不合。

6，現在這步運走的是庚子大運。夫妻之間衝突比前步大運更為直接、明顯。兩人之間常有爭執。因為子水來沖夫妻宮午火，夫妻宮晃動不安，故有此應。黃先生輕嘆了一聲，並點頭稱是。

7，庚子大運，一直到 2009 己丑年運勢都還可以，但是 2010 庚寅流年以及 2011 辛卯流年，運勢急轉直下，各方面壓力很大，讓你生活備感辛苦。黃先生無奈地點點頭。

8，這兩年，也就是庚寅、辛卯兩年，工作不順，且經濟方面極為不利；而且就身體言，肝膽方面比較差，人常感覺到疲累、精神不濟。因為庚寅、辛卯為兄弟劫財；而木主肝膽之故。

說到這，黃先生回覆，一切都像老師所斷的那樣，這兩年投資股票也失利，朋友借錢也被倒，可說諸事不順，而身體方面確實比起以前差很多，常常感到體力不支、困乏。他進一步問未來的路該怎麼做？有沒有什麼要注意的事？

9，我告訴黃先生，今年辛卯過完之後，運勢就能漸漸好轉讓他不必過於擔心。並且告訴，根據先天命局，他的貴人屬羊，喜走南方、西南方，喜著黃色服飾。他回答說非常地準，他三十歲那家公司的老闆就是屬羊的，對他不但提拔有加，也非常照顧他。

我鄭重告訴黃先生，他到了晚年肝膽方面會有比較嚴重的病症，以後宜開始留意這方面的問題，並且定期檢查。

還有一些他私人提及的問題以及斷語，就不再詳細介紹了。黃先生就在向我鄭重道謝之後離開我處。

透過這個實例，易簡想要說明的是，唯有運用精煉明晰的語言，讓命主充分理解自己命運的大致趨勢，方能對求測者有所助益。

四 玄空飛星風水實例

這是2012年11月的風水實例，地點是苗栗縣南庄鄉一處位居山腰、清幽雅致的民宿。民宿由一對年輕夫妻，在2009年接手經營。男子1981年生，屬一白命；女子1982年生，屬六白命。

主體建築物

民宿是由一大二小三棟建物所組成，最大的那棟樓下為餐飲空間，樓上為住宿空間。經審視整體格局之後，易簡就在主體建築物下羅盤測量，測得方位為巽山乾向，也就是一般人所謂坐東南向西北的坐向。民宿建於1996年，因此，屬於七運宅。有了元運與方位的條件之後，即可排出玄空飛星風水盤。其飛星盤如下所示：

七運巽山乾向飛星圖

原水池 O ★

乾向

8 1 九	7 9 八	2 4 三
8 1 四	6 8 七	9 2 一
8 1 二	5 7 六	4 6 五

巽山

大門外原本的景觀

主體建築物為長方形結構的宅第，經測量得知，建物總長十二點三米，總寬度為十五點一米，屬於左右長，前後短的形式。在房宅的下方約有二十多米的長度，然後是一個懸坡，約有二十米高，懸坡下方做為停車場之用。在宅第的左前方位置，有一個直徑約兩米的人工水池，水泥上方有一水龍頭持續進水，水滿之後，由左上方的斜坡水溝順勢流到山下。主門開於前方中間位置，進門處有一塊黑色大踏墊，靠近中宮的地方為櫃檯，櫃檯後方有咖啡煮具、製冰機等餐飲用具。

下方中間宮位以及右下角宮位為廚房；員工住在左邊中間宮位的一部分以及左下角宮位，員工中除一位外籍工作人員，長期住在此處，並負責煮食，其他都是建教生，屬短期居住形態。而員工所住之處，其門開位置是在建物的左邊中間。今年為壬辰年，以流年飛星言，為六白武曲星入中，其餘依次排布。其流年的飛星圖如下所示：

壬辰流年飛星圖

巽 5	離 1	坤 3
震 4	中 6	兌 8
艮 9	坎 2	乾 7

判斷

1、經過一番推敲、計算之後。我首先說，這間民宿在2003年以前，若有人經營，肯定是鎩羽而歸，賺不到錢。2004年以後的經營者，才能夠有所收益，真正的賺到錢。夫妻倆對望了一下，妻子說，老師您說得一點不差，前一批人確實賠了錢，而他們這幾年確實有賺到錢。

2、但是，我接著說，你們前兩年可以說經營得不錯，尤其是2011辛卯年，賺了不少錢，但是到了2012壬辰年，景況可就差多了。這時先生搶著說，老師斷得真準，他幾天前仔細統計之後，發現今年的業績只有去年的百分之六十三左右，老師您能不能想想辦法，改變這種情形？

3、我說別急，待會兒再說如何補救。我接著說，你們的員工之中，建教生來來去去，都只是短期居住，為時不超過三個月，當中只有那位外籍女子長期居住在此，因此，那位外籍女子住在此處，肯定有身體不適，而且情緒不佳之效應產生。這時，女子說，這位員工確實情緒不佳，常常抱怨東抱怨西的，而且身體也確實不好，她已經告訴老闆，做到過年之後，要離開，不再做了。

主體建物門內的原本擺設

透過玄空飛星的風水法則，易簡的斷言全部應驗。這是玄空飛星在風水操作上透過飛星盤「憑星斷事」之必要過程。接下來則從玄空飛星風水操作的綱領入手，讓讀者知道玄空飛星斷事的訣竅所在。

分析

1，根據巒頭與飛星圖，，門開中間，中間的星組為7 9雙星組合，在2004年之後，為八運，因此，此門有為生氣之門，有財。2003年以前，為七運，此組合為未來的生氣，氣數太弱，無法進財，故有此斷語。

將原來的水池填掉

2，2010庚寅年為生氣九紫入門；2011辛卯為財星入門；2012壬辰流年為退氣之星入門，因此，2012年景況遠不及2011年。

3，員工居住之處，所開之門為35雙星組合，因此會有情緒不佳、健康不好的效應。流年三碧星飛臨此處，其效應更凶。

4，左上方水池持續進水後，經斜坡水溝不斷流走，在巒頭上，犯了財水傾瀉之弊端。宅第前方臨懸坡，在巒頭上亦犯病。

在說明斷事原理之後，易簡接下來就要說明，如何透過玄空飛星風水之布

門口正前方的新建水池

局，對症下藥。

布局

1，進門之處的黑色大踏墊，五行屬水，會剋制門星之旺氣，令其撤除黑色踏墊，這點很重要。

2，此宅結構，依照飛星圖的組合，最吉旺之星飛臨中宮，屬於旺財之星「入囚」的格局，因此，在櫃檯置一魚缸，以動水動起吉旺之星，並建議他養八條黃色或紅色的魚。

3，原來的水池以及宅第前方臨懸坡，在巒頭上都有弊端。因此，建議老闆廢掉原來的水池，將其填掉之後，在

新設魚缸與布局

大門正前方之處，也就是飛星圖示★之處，重新開鑿一新的水池，以解決上述毛病。

4，在員工住處的房間門口掛一串銅錢，並且在入門處鋪一紅色地墊，以化解門口雙星，也就是35組合所產生的不良效應。

5，將門口到櫃檯之間的櫥櫃、桌子的東西盡量清空，讓進門到櫃檯之間，氣息流通能夠順暢，沖起、引動吉旺之飛星。

附註：

在風水操作之後，約莫過了一個多月，民宿老闆打了電話給我，謝謝我的風水布局，發揮了很大的效用，讓他的民宿在調整布局之後，訂房率顯著地大幅提升，從現在一直到過年的假期，基本上都已經被預約滿了。

接著老闆告訴我一件他認為很玄的事情。就是有一天他與妻子出外採買民宿所需的民生物品時，在這一天之內，總共接到了三通要退房的電話，實在不太尋常，納悶之下，在傍晚返回民宿，剛一進門，他的朋友就告訴他，由於他發現之前兩人所挖鑿的水池底部的水池施工不太好，因此，他已經將水整個抽乾，計畫重新施作得更堅固、美觀。老闆說，風水真是一門偉大的玄學，效應竟然如此神奇。

後記

學習命理，必須具備三個要件，那就是機緣、悟性、努力。走進書局，不選那本書而選擇了這本書；網路瀏覽逛到這個網站之後留下來繼續看文章；剛好接觸到某位老師，並覺得他所說的話特別引起共鳴，這些無非都是機緣。既然是機緣，就無法完全自主決定。除此之外，悟性與努力，都是操之在我的。

古人有云「師父領進門，修行在個人。」當您選購了這本書回家研究，要恭喜的是，您在機緣方面已經勝過許多人了。易簡在本書中，已經不藏私地將六爻預測體系中的重點以及訣竅全部披露在書中了。至於其他兩點，則必須要靠自己下工夫琢磨了。

但是，在這裡易簡要以過來人的身分，特別指出一條捷徑，那就是大量地「實戰」。當您仔細讀完本書之後，若遇到事情需要預測，請大膽地起卦判斷。剛開始時，在起卦方面，必定會因為基本功不夠紮實而處處遇到困難；在判斷時，也一定會茫無頭緒，但這些都是學習必經的歷程，請不要氣餒，只要回去翻閱書中的相關篇章，必能迎刃而解。

此外，不論結果正確與否，請務必要為斷卦留下紀錄，並詳細檢討斷卦的內容，哪裡斷得好，哪裡斷錯了，錯在哪裡，為何出錯，哪裡的觀念不清楚……。如此一來，必定能迅速提升實力。在持續努力之下，快則半年，多則一年，必能清楚掌握六爻預測的方法，進而測準事件發展的結果。如果對於書中內容有不瞭解的地方，歡迎直接到易簡的網站——博士命理——來留言，易簡將會詳細解答。

博士命理聯絡方式：

網址：www.ijfate.com

地址：苗栗縣頭份鎮銀河三街20號

電話：037-683605

01603085	翻書就懂居家風水	洪正忠、水銀居士	300
01603086	翻書就會算八字（附光碟）	王成義	320
01603087	鄭雅勻彩色圖解陽宅風水（附光碟）	鄭雅勻	280
01603088	學習奇門遁甲，這本最好用（附光碟）	黃恆堉、林錦洲	320
01603089	翻書就會看手相	姜威國	260
01603090	原來紫微斗數這樣學才對	許世鵬	250
01603091	學擇日，原來這麼簡單（內附光碟）	黃恆堉	300
01603092	真簡單，這樣就成為紫微斗數專家	吳孟龍	320
01603093	一看就懂圖象式姓名學	徐裕博	300
01603094	天象姓名學	鳳林	300
01603095	這年頭，每個人都需要懂紫微（附光碟）	黃恆堉	380
01603096	大師不傳的紫微斗數密碼	鍾無豔	390
01603097	吉祥物擺設，一次就學會	姜威國	240
01603098	圖解八字格神大解密	曾富雄	380
01603099	鄭雅勻陽宅造運旺旺旺（內附光碟）	鄭雅勻	280
01603100	用心教你學會六壬課	周鎮亞	420
01603101	一次就學會，多派姓名學（附光碟）	黃恆堉	360
01603102	史上最準八字個性分析（附光碟）	筠綠	300

01603103	一看就懂！大師面相學【彩色典藏版】	鄭穆德	260
01603104	一看就懂，大師開運祕術	宏壹居士（黃子秤）	250
01603105	一看就懂，紫微幸福開運	鄭莉安	320
01603106	史上最好學又好用的陽宅學	葉民松教授	320
01603107	學紫微斗數，改運造命	傳通居士	350
01603108	營建博士教你活用陽宅風水	侯威銘	360
01603109	學會塔羅牌的第一本書	李振瑋	360
01603110	八字基本功	施賀日	450
01603111	命運知多少？	許重敬	250
01603112	10分鐘學會看懂陽宅風水（附光碟）	黃恆堉、李羽宸	300
01603113	簡單易學三合一姓名學	李國山	360
01603114	八字入門－好學又實用的八字學習書	林煒能	360
01603115	一次完全學會八字學	辛筱淇	250
01603116	家家必備超實用彩色萬年曆	施賀日	500
01603117	姓名學入門《每個人都該懂一點姓名學》	林煒能	300
01603118	不可思議的占卜法－大衍之數與占驗	黃輝石	300
01603119	好風好水好運到（一書雙CD）	鄭雅勻	399
01603120	史上最好學的紫微斗數書：奶瓶級飛星算命術大釋放	紫微白娘子	320

01603121	解靈籤：天上聖母六十甲子聖籤戲解	蔡振名	320
01603122	嬰兒命名，就用這一本《用姓名學大師的絕學，幫自己的寶貝命名》附光碟	黃恆堉、李羽宸	320
01603123	易經卜卦入門一輕鬆學會易經卜卦要訣	林煒能	360
01603124	八字問財一你的財庫有多大？	筠綠	280
01603125	算屋《這年頭一定要懂的陽宅風水知識》	陳文祥	280
01603126	天下第一風水理氣大全	張清淵	688
01603127	學易經占卜，先看這本書	陳宥名	300
01603128	這樣學八字就對了：實例解說才易懂好學	林煒能	350
01603129	八字問情 你不知道的八字情運	筠綠	350
01603130	命理師專用彩色歸藏萬年曆（平）	施賀日	250
0160313001	命理師專用彩色歸藏萬年曆（精）	施賀日	300
01603131	淡定學八字 讓您人生逆轉勝	安容	300
01603132	學紫微斗數，改變命運扭轉吉凶	傳通居士	350
01603133	風水應該這樣學	元空居士	300
01603134	化煞一今天學化煞，明天就改運	張清淵	320
01603135	學會八宅明鏡，這本最簡單	（附光碟）黃恆堉、李羽宸	320
01603136	學會三元玄空，這本最好用（附光碟）	黃恆堉、李羽宸	300

國家圖書館出版品預行編目資料

博士教你學卜卦，這本最快通／劉謹銘著.
－－第一版－－臺北市：知青頻道出版；
紅螞蟻圖書發行，2014.4
面　公分－－(Easy Quick；140)
ISBN 978-986-5699-08-6（平裝）

1.易占

292.1　　　103004509

Easy Quick 140
博士教你學卜卦，這本最快通
作　　者／劉謹銘
發 行 人／賴秀珍
總 編 輯／何南輝
校　　對／吳育禎、周英嬌、劉謹銘
美術構成／Chris’ office
出　　版／知青頻道出版有限公司
發　　行／紅螞蟻圖書有限公司
地　　址／台北市內湖區舊宗路二段121巷19號（紅螞蟻資訊大樓）
網　　站／www.e-redant.com
郵撥帳號／1604621-1　紅螞蟻圖書有限公司
電　　話／(02)2795-3656（代表號）
傳　　真／(02)2795-4100
登 記 證／局版北市業字第796號
法律顧問／許晏賓律師
印 刷 廠／卡樂彩色製版印刷有限公司
出版日期／2014年 4月　第一版第一刷

定價 320 元　　港幣 107 元

ISBN　978-986-5699-08-6　　Printed in Taiwan